Kau
Ban

Impressum

O'Niel V. Som
Niederländisch – Wort für Wort
erschienen im REISE KNOW-HOW Verlag
Peter Rump GmbH
Osnabrücker Str. 79, D-33649 Bielefeld
info@reise-know-how.de

5. Auflage 2001

Bearbeitung Peter Rump
Layout Claudia Schmidt
Umschlag Peter Rump (Foto: Wolfram Schwieder)
Layout-Konzept Günter Pawlak, FaktorZwo! Bielefeld
Fotos Wolfram Schwieder
Druck und Bindung Fuldaer Verlagsagentur, Fulda

ISBN 3-89416-256-2
Printed in Germany

Dieses Buch ist erhältlich in jeder Buchhandlung der BRD, Österreichs, der Schweiz und der Benelux. Bitte informieren Sie Ihren Buchhändler über folgende Bezugsadressen:
BRD Prolit GmbH, Postfach 9, 35461 Fernwald (Annerod) sowie alle Barsortimente
Schweiz AVA-buch 2000, Postfach 27, CH-8910 Affoltern
Österreich Mohr Morawa Buchvertrieb GmbH Sulzengasse2, A-1230 Wien
Benelux Assimil Benelux, 5-7 Rue des Pierres, B-1000 Bruxelles
direkt Wer im Buchhandel kein Glück hat, bekommt unsere Bücher auch direkt beim Rump Direktversand, Heidekampstraße 18, D-49809 Lingen oder im Internet-Shop: www.reise-know-how.de

Zu diesem Buch ist eine **Begleitkassette** erhältlich:
ISBN: 3-89416-516-2. Näheres dazu auf Seite 14.

Der Verlag möchte die **Reihen Kauderwelsch & ReiseWortSchatz** weiter ausbauen und **sucht Autoren**!

Kauderwelsch

O'Niel V. Som

Niederländisch

Wort für Wort

REISE KNOW-HOW
im Internet
www.reise-know-how.de
info@reise-know-how.de

Aktuelle Reisetipps und Neuigkeiten, Ergänzungen nach Redaktionsschluss, Büchershop und Sonderangebote rund ums Reisen

Der
REISE KNOW-HOW Verlag
Peter Rump GmbH
ist Mitglied der
Verlagsgruppe REISE KNOW-HOW

Kauderwelsch-Sprechführer sind anders!

Warum? Weil sie Sie in die Lage versetzen, wirklich zu sprechen und die Leute zu verstehen.

Wie wird das gemacht? Abgesehen von dem, was jedes Sprachbuch bietet, nämlich Vokabeln, Beispielsätze etc., zeichnen sich die Bände der Kauderwelsch-Reihe durch folgende Besonderheiten aus:

Die **Grammatik** wird in einfacher Sprache so weit erklärt, dass es möglich wird, ohne viel Paukerei mit dem Sprechen zu beginnen, wenn auch nicht gerade druckreif.

Alle Beispielsätze werden doppelt ins Deutsche übertragen: zum einen **Wort-für-Wort**, zum anderen in „ordentliches" Hochdeutsch. So wird das fremde Sprachsystem sehr gut durchschaubar. Denn in einer fremden Sprache unterscheiden sich z.B. Satzbau und Ausdrucksweise recht stark vom Deutschen. Ohne diese Übersetzungsart ist es so gut wie unmöglich, schnell einzelne Wörter in einem Satz auszutauschen.

Die **Autorinnen** und **Autoren** der Reihe sind Globetrotter, die die Sprache im Land selbst gelernt haben. Sie wissen daher genau, wie und was die Leute auf der Straße sprechen. Deren Ausdrucksweise ist nämlich häufig viel einfacher und direkter als z.B. die Sprache der Literatur oder des Fernsehens.

Besonders wichtig sind im Reiseland **Körpersprache, Gesten, Zeichen** und **Verhaltensregeln**, ohne die auch Sprachkundige kaum mit Menschen in guten Kontakt kommen. In allen Bänden der Kauderwelsch-Reihe wird darum besonders auf diese Art der nonverbalen Kommunikation eingegangen.

Kauderwelsch-Sprechführer sind keine Lehrbücher, aber viel mehr als Sprachführer! Wenn Sie ein wenig Zeit investieren und einige Vokabeln lernen, werden Sie mit ihrer Hilfe in kürzester Zeit schon Informationen bekommen und Erfahrungen machen, die „taubstummen" Reisenden verborgen bleiben.

Inhalt

Konversation

Anhang

TX 27

Vorwort

Natürlich könnte man sich auch in den Niederlanden auf Deutsch verständigen. Aber jeder, der schon mal dort war, weiß, dass man viel freundlicher aufgenommen wird, wenn man versucht, Niederländisch zu sprechen.

Dabei wird keineswegs Perfektion verlangt, aber schon wenige Brocken genügen, um in engeren Kontakt mit den Leuten dort zu kommen. Wer sich nicht die Mühe macht, ein paar Wörter und Sätze zu lernen, wird die Niederlande nur aus Touristensicht erleben. Manche Auskunft wird erst gar nicht gegeben, wenn man es in Deutsch versucht.

Da die Niederländer außerdem ein recht reisefreudiges Volk sind, kann man auf Urlaubsreisen in ganz Europa Bekanntschaften mit ihnen machen. Es lohnt sich daher für einen Globetrotter, wenigstens ein wenig Niederländisch zu lernen. Die Unterschiede zum Deutschen sind nicht so groß, dass man viele Vokabeln oder komplizierte Grammatikregeln lernen müsste. Nein im Gegenteil, Niederländisch ist für Deutsche wegen der vielen Ähnlichkeiten sogar recht einfach.

Hinweise zur Benutzung

Ich habe versucht, diesen Sprechführer möglichst einfach zu gestalten. Mit nur wenigen Sätzen und Wörtern kann man schon versuchen, ein kleines Gespräch zu beginnen.

Aussprache

Ich empfehle, zuerst die Seiten über die Aussprache zu lesen und auch öfter zu wiederholen. Denn das Schriftbild und der Klang weichen im Niederländischen doch stark von der deutschen Lesart ab. Das können Sie auch an der Lautschrift erkennen, die für jedes Wort und jeden Satz angegeben ist.

Lautschrift

Grammatik

Die Grammatik ist für den ersten Anfang nicht so wichtig, die unregelmäßigen Tätigkeistwörter und zusammengesetzten Zeiten kann man sich vorläufig sparen. Wenn man mit der Sprache etwas vertrauter ist und eigene Sätze bilden will, sollte man sich wichtige Regeln einprägen (z. B. Mehrzahlbildung).

Wort-für-Wort-Übersetzung

Wenn sich die Wortstellung im Niederländischen unterscheidet, wird zusätzlich eine Wort-für-Wort-Übersetzung in *kursiver Schrift* angegeben. Das ist allerdings selten der Fall. Manche Redewendungen sind extra erklärt.

Wörterlisten

Am Buchende findet man die Wörterlisten Deutsch – Niederländisch und Niederländisch – Deutsch mit jew. ca. 1000 Wörtern. Neben den in den einzelnen Kapiteln verwendeten Wörtern wurden weitere Wörter des Grundwortschatzes aufgenommen, die sich wesentlich vom Deutschen unterscheiden.

Über die Sprache

Von der Sprachgeschichte her gehört das Niederländische wie das Deutsche und Englische zur Gruppe der westgermanischen Sprachen. Aus einer gemeinsamen Wurzel entstanden im Laufe der Jahrhunderte Sprachen, die zwar untereinander verwandt sind, sich aber in verschiedene Richtungen entwickelt haben. Daher erklären sich die vielen Ähnlichkeiten, aber auch einige prinzipielle Unterschiede. In Wortschatz und Satzbau gibt es viele Übereinstimmungen mit dem Deutschen, während die grammatischen Formen der Wörter viel einfacher sind.

Das Niederländische ist vor allem in den Provinzen Nord- und Südholland entstanden, also in dem Gebiet, wo die großen Städte Den Haag, Amsterdam und Rotterdam liegen. Sie hatten sich schon seit dem 16./17. Jahrhundert zum Zentrum der Niederlande entwickelt. Daher wird auch heute noch meist von „Holland" gesprochen, auch wenn die ganzen Niederlande gemeint sind.

In diesen Jahrhunderten wurde auch die Bibel ins Niederländische übersetzt, was einen großen Einfluss auf die Entwicklung der Sprache ausgeübte, da die Bibel in gläubigen Familien jener Zeiten täglich gelesen wurde.

Auch die anderen Teile der Niederlande waren an der Entwicklung der Sprache beteiligt. Die heutige Umgangssprache wird „Algemeen

Beschaafd Nederlands" genannt. Daneben gibt es noch einige niederländische Dialekte. In Belgien wird in den Provinzen West- und Ostflandern Flämisch gesprochen, das eine regionale Variante des Niederländischen ist. Der restliche Teil Belgiens, jenseits der „linguistischen Grenze" spricht Französisch.

In den Niederlanden gibt es noch eine zweite Amtssprache, das Friesische. So sind in der nordöstlichen Provinz Friesland auch alle Straßennamen auf Friesisch, und manchmal auch beidsprachig, beschildert. Das Westfriesische im Nordosten der Niederlande ist dieselbe Sprache wie das Ostfriesische im deutschen Teil, allerdings gibt es auch hier Dialekte. In veränderter Form wird in Südafrika Afrikaans gesprochen, das ursprünglich von niederländischen Kolonialherren ins Land gebracht wurde und heute eine selbständige Sprache darstellt.

Aussprache & Betonung

Im Prinzip wird alles so gesprochen, wie es geschrieben wird, wenn man folgende Buchstaben anders als gewohnt spricht:

ch	ch	immer wie in „la**ch**en“ (nicht wie in „ich“) **tochtje** tochtje Ausflug
g	ch, sh	siehe **ch**; bei französischen Wörtern vor **e, i, y** **garage** charaashe Autowerkstatt
ng	ng	hier spricht man das **g** wie im Deutschen **brengen** brängèn bringen
s	ß	immer scharf sprechen! **saai** ßaai langweilig **studeren** ßtüdeerèn studieren **spreken** ßpreekèn sprechen
z	s	wie in „Ro**s**e“ **zoeken** sukèn suchen
v	v	Aussprache zwischen „f“ u. „w“ **vriend** vriend Freund
sch	ßch	kein deutsches „sch“, sondern erst ein „ß“ und dann „ch“ sprechen wie in „Häu**sch**en“ **school** ßchool Schule
sj	sch	deutsches „sch“ **kruisje** kröischè Kreuzchen
tj	-tch	zwischen „tch“ und „tj“ **kwartje** kwar-tchè 25-Cent-Münze

Zahlen

Um Ihnen den Umgang mit Zahlen zu erleichtern, wird auf jeder Seite die Seitenzahl auch auf Niederländisch plus Lautschrift angegeben!

Damit man das kurze „e" vom langen „e" unterscheiden kann, ist in diesem Buch auf dem kurzen „e" immer ein Akzent in der Lautschrift eingefügt.

oe	u	kurzes „u"
		hoe hu wie
eu	öö	langes „ö"
		keuken köökèn Küche
ui	öi	**thuis** töis Zuhause
ij	äj	**mijn** mäjn mein
e	è	kurzes „e" wie in „bitt**e**"
		meteen mèteen sofort
ei	äj	**klein** kläin klein
u	ü	**nu** nü jetzt
	ö	kurzer Laut zwischen „i" in „b**i**tte" und „ö" in „Ger**ö**ll"
		kunnen könnèn können
ou	au	**koud** kaut kalt

Doppelte Selbstlaute sind lang zu sprechen. Am Wortende treten folg. Änderungen auf:

-lijk	lèk	**hartelijk**	hartèlèk	herzlich
-tie	zie	**vakantie**	vakannzie	Ferien
-ig	èch	**weinig**	wäjnèch	wenig
-isch	ieß	**Belgische**	bällchießè	Belgierin

Am Wortende werden wie im Deutschen **-b** und **-d** stimmlos gesprochen:

heb	häp	habe
avond	aavènt	Abend

Am Wortende eines Tätigkeitswortes wird das **-n** von dem **-èn** in manchen Gegenden verschluckt, wie wir es auch im Deutschen gerne machen:

Kauderwelsch-Begleitkassette

Falls Sie sich die Sätze, die in diesem Buch vorkommen, einmal von einem Niederländer gesprochen anhören möchten, können Sie sich die ***Kauderwelsch-Begleitkassette*** *zu diesem Buch besorgen (ISBN 3-89416-516-2). Jeder Buchhändler kann sie beziehen. Sie bekommen sie aber auch beim Rump-Direktversand oder über unseren Internetshop* ***www.reise-know-how.de****.*

praten	praatè(n)	sprechen

Einige Besonderheiten in der Umgangssprache sind:

het	èt	das, es
een	èn	ein

Es gibt im Niederländischen viele französische Lehnwörter, die man aber auch nach wie vor Französisch ausspricht! Im Deutschen wurden diese Wort im Laufe der Zeit viel mehr verdeutscht.

paraplu	paaraplü	Regenschirm
de auto	dè owtow	das Auto

Wörter, die weiterhelfen

Zur ersten Orientierung sind die folgenden Formulierungen hilfreich.

Ik zou graag ... willen. (Ich möchte ...)

Ik zou graag koffie willen.
ik sau graach koffie willèn
ich würde gerne Kaffee wollen
Ich möchte einen Kaffee.

Ik zou graag een ijsje willen.
ik sau graach een äjschè willèn
ich würde gerne ein Eischen wollen
Ich möchte ein Eis.

Ik zou graag een koffie verkeerd willen.
ik sau graach koffie vèrkeerd willèn
ich würde gerne Kaffee falsch wollen
Ich möchte einen Milchkaffee.

Waar is ...? (Wo ist ...?)

Waar is een garage, alstublieft?
waar iß een charaashè, aßtüblieft
wo ist eine Garage, wie-es-Ihnen-beliebt
Wo ist hier eine Werkstatt, bitte?

Waar is het postkantoor, alstublieft?
waar iß hèt poßtkantoor, aßtüblieft
wo ist das Postbüro, wie-es-Ihnen-beliebt
Wo ist die Post, bitte?

Waar is de toilet, alsjeblieft?
waar iß dè twalätt, aßjèblieft
wo ist die Toilette, wie-es-dir-beliebt
Wo ist die Toilette, bitte?

Man achte dann genau auf die Handbewegungen und auf folgende Richtungsangaben:

naar rechts/rechtsaf naar rechtß/rechtßaff	nach rechts
naar links/linksaf naar linkß/linkßaff	nach links
rechtdoor rächtdoor	geradeaus

Heeft u ...? (Haben Sie ...?)

Heeft u een kamer vrij?
heeft ü een kaamèr vräj
Haben Sie ein Zimmer frei?

Hier wird man als Antwort **ja** *oder* **nee** *(nein) bekommen.*

Heeft u briefkaarten?
heeft ü briefkaartèn
Haben Sie Postkarten?

Heeft u postzegels?
heeft ü poßtseechèlß
Haben Sie Briefmarken?

Dank u wel!
danküwäll
danke Ihnen gut
Danke!

Dank je wel!
dankjèwäll
danke dir gut
Danke!

Beim Bedanken kommt es darauf an, ob man sich duzt oder siezt.

Ähnlichkeiten & Unterschiede

Im Wörterverzeichnis am Buchende habe ich vor allem die Wörter berücksichtigt, die eine andere Bedeutung als im Deutschen haben, oder die sich nur schwer herleiten lassen.

Bei ähnlichen Wörtern gibt es aber ein paar Regeln, mit denen man viele Wörter auch ohne Wörterbuch herleiten kann. Daher folgende Übersicht als Beispiel:

p		**pf**
plicht	plicht	Pflicht
paard	paard	Pferd
pond	pond	Pfund
appel	appèl	Apfel
ij		**ei**
mijn	mäjn	mein
ijs	äjß	Eis
vrij	vräj	frei
bij	bäj	bei
p		**f, ff**
hopen	hoopèn	hoffen
helpen	hällpèn	helfen
open	oopèn	offen
schaap	ßchaap	Schaf
ui		**au**
huis	höiß	Haus
uit	öit	aus
huid	höit	Haut
luid	löit	laut

t		**z**
tong	tong	Zunge
twee	twee	zwei
toestand	tu-ßtand	Zustand
tang	tang	Zange
f		**b**
of	off	ob
af	aff	ab
lief	lief	lieb
stof	ßtoff	Staub
s		**sch**
smal	ßmall	schmal
snel	ßnäll	schnell
slecht	ßlächt	schlecht
t		**s, ss**
weten	weetèn	wissen
dat	dat	das
laten	laatèn	lassen
d		**t**
dag	dach	Tag
drinken	drinkèn	trinken
dood	dood	Tod
dal	dall	Tal
zw		**schw**
zwager	swaachèr	Schwager
zwaar	swaar	schwer
zwak	swak	schwach
zwemmen	swämmèn	schwimmen
k		**ch**
breken	breekèn	brechen
ik	ik	ich
rekenen	reekènèn	rechnen
welke	wällkè	welche

v		b
zilver	sillvèr	Silber
geven	cheevèn	geben
leven	leevèn	leben
sterven	ßtärvèn	sterben

Manchmal unterscheidet sich nur die Schreibweise, während die Wörter fast gleich gesprochen werden:

Das niederländische **zee** *bezeichnet immer „Meer", das niederländische* **meer** *hingegen den deutschen „See".*

v		f
vet	vät	fett
vinden	vindèn	finden
vliegen	vliechèn	fliegen
vallen	vallèn	fallen
oe		**u**
bloem	blumm	Blume
hoed	hut	Hut
stoel	ßtull	Stuhl
goed	chut	gut
z		**weiches s**
zicht	sicht	Sicht
zo	so	so
zorgen	sorchèn	sorgen
zee	see	See (z. B. auf hoher See)

Viele Wörter werden zwar gleich geschrieben, aber anders als im Deutschen ausgesprochen, vor allem solche mit **st, sp, sch** und **g**.

Hauptwörter

Außer am Satzanfang und bei Eigennamen wird im Niederländischen alles einfach klein geschrieben.

bestimmter Artikel

Man unterscheidet im Niederländischen nicht zwischen den Geschlechtern und es gibt auch nur zwei Artikel: **de** und **het**.

Als einzige Faustregel kann man sich merken, dass belebte Hauptwörter (z. B. Personen, Tiere, Pflanzen und deren Bestandteile) und „bewegte" Hauptwörter (z. B. Motorisiertes, mechanisch Bewegtes, wie Uhr, Windmühle oder Fahrrad, aber auch Werkzeuge) immer den bestimmten Artikel **de** haben.

Alle anderen Hauptwörter haben nach diesem groben Schema den bestimmenden Artikel **het**. Ausnahmen gibt es immer, z. B. **het kind** (obwohl belebt).

Der bestimmte Artikel in der Mehrzahl ist hingegen immer **de**.

de man	dè mann	der Mann
de mannen	dè mannèn	die Männer
de vrouw	dè vrauw	die Frau
de vrouwen	dè vrauwèn	die Frauen
het boek	hèt buk	das Buch
de boeken	dè bukèn	die Bücher

unbestimmter Artikel

Der unbestimmte Artikel heißt immer **een**.

een man	èn mann	ein Mann
een vrouw	èn vrauw	eine Frau
een boek	èn buk	ein Buch

Mehrzahl

Die meisten Wörter im Niederländischen bilden die Mehrzahl mit der Endung **-en.**

de dag	dè dach	der Tag
de dagen	dè daagèn	die Tage
het jaar	hèt jaar	das Jahr
de jaren	dè jaarèn	die Jahre
de mens	dè mänß	der Mensch
de mensen	dè mänßèn	die Menschen

Dabei ändert sich die Schreibweise: **f** wird **v** und **s** wird **z**.

het huis	hèt höiß	das Haus
de huizen	dè höisèn	die Häuser
het glas	hèt chlaß	das Glas
de glazen	dè chlaasèn	die Gläser
de golf	dè cholff	die Welle
de golven	dè cholvèn	die Wellen

Manchmal wird der letzte Buchstabe verdoppelt, vor allem dann, wenn man den Selbstlaut kurz spricht.

het bos	hèt boß	der Wald
de bossen	dè boßèn	die Wälder
de man	dè mann	der Mann
de mannen	dè mannèn	die Männer
de tak	dè tak	der Zweig
de takken	dè takèn	die Zweige

Einige Hauptwörter bilden die Mehrzahl jedoch mit der Endung **-eren**, und zwar immer, wenn im Deutschen für das entsprechende Wort die Endung **-er** benutzt wird.

het kind	hèt kind	das Kind
de kinderen	dè kindèrèn	die Kinder
het ei	hèt äj	das Ei
de eieren	dè äjèrèn	die Eier
het lied	hèt lied	das Lied
de liederen	dè liedèrèn	die Lieder

Wenn ein Wort in der Einzahl schon auf **-el, -en, -er, -aar** oder **-je** endet, fügt man in der Mehrzahl ein **-s** an.

de vogel	dè voochèl	der Vogel
de vogels	dè voochèlß	die Vögel
de molen	dè moolèn	die Mühle
de molens	dè moolènß	die Mühlen
de vader	dè vaadèr	der Vater
de vaders	dè vaadèrß	die Väter
de winnaar	dè winnaar	der Gewinner
de winnaars	dè winnaarß	die Gewinner
het huisje	hèt höische	das Häuschen
de huisjes	dè höischèß	die Häuschen

Auch die meisten Fremdwörter enden in der Mehrzahl auf **-s**. Dieses wird nach Selbstlauten mit einem Apostroph geschrieben.

de foto	dè fowtow	das Foto
de foto's	dè fowtowß	die Fotos
de auto	dè owtow	das Auto
de auto's	dè owtowß	die Autos

Eigenschaftswörter

Die Grundform der Eigenschaftswörter wird eigentlich nur bei Gebrauch als Umstandswort verwendet:

Het weer is mooi.
hèt weer iß mooj
Das Wetter ist schön.

Hij zwemt goed.
häj swämmt gut
Er schwimmt gut.

Het huis is wat klein.
hèt höiß iß wat kläjn
Das Haus ist etwas klein.

De stad is weinig groen.
dè ßtat iß wäjnèch chrunn
die Stadt ist wenig grün
Die Stadt ist nicht sehr grün.

In allen anderen Fällen bekommt das Eigenschaftswort die Endung **-e**.

het grote huis
hèt chrootè höiß
das große Haus

de oude vrouw
dè auwdè vrauw
die alte Frau

de nieuwe fiets
dè niewè fietß
das neue Fahrrad

een dikke man
een dickè mann
ein dicker Mann

Ausnahmen bestätigen wie immer die Regel, wie folgende Beispiele zeigen:

mooi weer mooj weer	schönes Wetter
een klein huis een kläjn höiß	ein kleines Haus
geen lief kind cheen lief kind	kein liebes Kind
ieder groot huis iedèr chroot höiß	jedes große Haus

steigern & vergleichen

Steigerungsformen bildet man mit den Endungen **-er** und **-st**.

rijk	**rijker**	**het rijkst**
räjk	räjkèr	hèt räjkßt
reich	reicher	am reichsten
klein	**kleiner**	**het kleinst**
kläjn	kläjnèr	hèt kläjßt
klein	kleiner	am kleinsten

Falls das Eigenschaftswort auf **-r** endet, wird in der ersten Steigerung **-der** angehängt.

zwaar	**zwaarder**	**het zwaarst**
swaar	swaardèr	hèt swaarßt
schwer	schwerer	am schwersten

Um zu vergleichen, verwendet man **dan** (als).

Jaap is ouder dan Fred.
jaap iß auwdèr dann fräd
Jaap ist älter als Fred.

Vroni is mooier dan Karen.
vrownie iß moojèr dann kaarèn
Vroni ist schöner als Karen.

Geht es um die Gleichwertigkeit, so wird **even ... als** oder **net zo ... als** verwendet.

Hij is even slim als ik.
häj iß eevèn ßlimm alß ik
Er ist genauso schlau wie ich.

Rita is net zo aardig als Joost.
rieta iß nätt so aardich alß jooßt
Rita ist ebenso so nett wie Joost
Rita ist genauso nett wie Joost.

Farben

wit	witt	weiß
geel	cheel	gelb
oranje	orannjè	orange
roze	ròs	rosa
rood	rood	rot
groen	chrunn	grün
blauw	blauw	blau
paars	paarß	lila
bruin	bröin	braun
grijs	chräjß	grau
zwart	swart	schwarz

In **roze** *wird das „o" wie im Französischen ausgesprochen – wie in „***O***ch, schade!".*

Persönliche Fürwörter

Bei den Fürwörtern unterscheidet man betonte und unbetonte Formen. Die betonten (vollständigen) Formen werden am Satzanfang und schriftlich verwendet, während sonst und vor allem in der Umgangssprache die unbetonten (verkürzten) Formen zu hören sind (siehe unbetonte Fürwörter).

wer?

ik	ik	ich	**wij**	wäj	wir
jij	jäj	du	**jullie**	jöllie	ihr
hij	häj	er	**zij**	säj	sie (Mz.)
zij	säj	sie	**u**	ü	Sie
het	hèt	es			

wen? oder wem?

So genau wird hier zum Glück nicht unterschieden. Es gibt nur eine Form.

mij	mäj	mir, mich
jou	jau	dir, dich
hem	hämm	ihm, ihn
haar	haar	ihr, sie
het	hèt	ihm, es
ons	onß	uns
jullie	jöllie	euch
hen	hänn	Ihnen, sie
u	ü	Ihnen, Sie

Ik geef jou ...
ik cheef jau
Ich gebe dir ...

Ik zoek jou.
ik suk jau
Ich suche dich.

Besitzanzeigende Fürwörter

Die besitzanzeigenden Fürwörter lauten:

mijn	mäjn	mein
jouw	jau	dein
zijn	säjn	sein
haar	haar	ihr
onze	onsè	unser
jullie	jöllie	euer
hun	hänn	ihr
uw	ü	Ihr

Die Endungen der besitzanzeigenden Wörter verändern sich nicht.

mijn vader	mäjn vaadèr	mein Vater
jouw moeder	jau muddèr	deine Mutter
zijn huis	zäjn höiß	sein Haus
haar ouders	haar audèrß	ihre Eltern
jullie boek	jöllie buk	euer Buch
uw auto	ü owtow	Ihr Auto

de vader	dè vaadèr	der Vater
onze vader	onsè vaadèr	unser Vater
de auto	dè owtow	das Auto
onze auto	onsè owtow	unser Auto
het huis	hèt höiß	das Haus
ons huis	ons höiß	unser Haus
het boek	hèt buk	das Buch
ons boek	ons buk	unser Buch

Ausnahme:
Bei Hauptwörtern mit dem Artikel **het** *wird* **onze** *verkürzt zu* **ons**.

Unbetonte Fürwörter

In der Umgangssprache werden sowohl viele persönliche als auch besitzanzeigende Fürwörter verkürzt. Dann klingt es so:

ik = 'k	ik = k	ich
mij = me	mäj= mè	mir, mich
jij = je	jäj = jè	du
jou(w) = je	jau = jè	dich, dein
hij = ie	häj = ie	er
hem = 'em	hämm = ämm	ihn
zij = ze	säj = sè	sie
haar = d'r	haar = dr	ihr
het = 't	hèt = t	es
mijn = m'n	mäjn = mn	mein
wij = we	wäj = wè	wir
zijn = z'n	säjn= sn	sein

Dieses & Jenes

Man unterscheidet zwei Entfernungsgrade: **deze** oder **dit** für das Näherliegende und **die** oder **dat** für das Entferntere.

Einfach zu merken: Die zu **het** *passenden Formen* **dit** *und* **dat** *enden auch auf* **-t**.

Artikel		dies		jenes	
de	dè	**deze**	deesè	**die**	die
het	hèt	**dit**	dit	**dat**	dat

de moeder	dè muddèr	die Mutter
deze moeder	deesè muddèr	diese Mutter
die moeder	die muddèr	jene Mutter
het kind	hèt kint	das Kind
dit kind	dit kint	dieses Kind
dat kind	dat kint	jenes Kind

Wenn man den niederländischen Artikel eines Hauptwortes kennt, kann man sich so immer die richtige Form erschließen.

Deze vrouw is mijn moeder.
deesè vrauw iß mäjn muddèr
Diese Frau ist meine Mutter.

Dit boek is erg spannend.
dit buk iß ärch ßpannènt
Dieses Buch ist sehr spannend.

Die man is mijn vader.
die mann iß mäjn vaadèr
Jener Mann ist mein Vater.

Dat huis is groot.
dat höiß iß chroot
Jenes Haus ist groß.

Relativpronomen

Die und **dat** werden auch als Relativpronomen verwendet. Wenn das beschriebene Hauptwort den Artikel **de** hat, wird wie beschrieben **die** verwendet, und bei **het** natürlich **dat**.

De stoel, die ik gekocht heb.
dè ßtull, die ik chekocht häp
Der Stuhl, den ich gekauft habe.

De jongen, die je geholpen hebt.
dè jongèn, die jè chèholpèn häpt
Der Junge, dem du geholfen hast.

Het huis, dat ik gezien heb.
hèt höiß, dat ik chèsien häp
Das Haus, das ich gesehen habe.

In Relativsätzen, in denen eine Person näher beschrieben wird, gibt es jedoch einige Ausnahmen. Z. B. wenn das Relativpronomen auf ein Verhältniswort (Präposition) folgt, verändert sich das **die** zu einem **wie**:

Hier is de man, met wie ik sprak.
hier iß dè mann, mätt wie ik ßprak
Hier ist der Mann, mit dem ich sprach.

Modalverben

Folgende Modalverben sind sehr nützlich und häufig: **kunnen** (können), **moeten** (müssen), **mogen** (dürfen) und **willen** (wollen). Da die Formen unregelmäßig sind, hier eine Tabelle:

Gegenwart

Die persönlichen Fürwörter stehen wie im Deutschen vor dem gebeugten Verb.

können	müssen	dürfen	wollen	
kan	**moet**	**mag**	**wil**	**ik**
kann	mutt	mach	will	ik
kunt	**moet**	**mag**	**wilt**	**jij, u**
könnt	mutt	mach	willt	jäj, ü
kan	**moet**	**mag**	**wil**	**hij, zij**
kann	mutt	mach	will	häj, säj
kunnen	**moeten**	**mogen**	**willen**	**wij, jullie, zij**
könnèn	muttèn	moochèn	willèn	wäj, jöllie, säj

Wie im Deutschen folgt auf das Modalverben immer ein Verb in der Grundform:

Jij moet hem schrijven.
jäj mutt hämm ßchräjvèn
Du musst ihm schreiben.

Ik wil haar helpen.
ik will haar hälpèn
Ich will ihr helfen.

Vergangenheit

	können	müssen	dürfen	wollen
ik, jij, u, hij	**kon**	**moest**	**mocht**	**wou**
ik, jäj, ü, häj	konn	mußt	mocht	wau
wij, jullie, zij	**konden**	**moesten**	**mochten**	**wilden**
wäj, jöllie, säj	kondèn	mußtèn	mochtèn	willdèn

Ik wou blijven.
ik wau bläjvèn
Ich wollte bleiben.

Wij moesten drinken.
wäj mußtèn drinkèn
Wir mussten trinken.

Wortstellung

Bei zusammengesetzten Zeiten und in Nebensätzen kann es vorkommen, dass mehrere Verbformen am Satzende stehen. Die Reihenfolge ist im Vergleich zum Deutschen meist vertauscht.

De vrouw zei dat hij wou komen.
dè vrauw säj dat häj wau koomèn
die Frau sagte dass er wollte kommen
Die Frau sagte, dass er kommen wollte.

Ik heb haar niet laten gaan.
ik häp haar niet laatèn chaan
ich habe sie nicht lassen gehen
Ich habe sie nicht gehen lassen.

Sein & Haben

Hier die Formen der unregelmäßigen Verben **hebben** häbbèn (haben) und **zijn** säjn (sein).

Gegenwart

ik ben	ik bänn	ich bin
jij bent	jäj bännt	du bist
u bent	ü bännt	Sie sind
hij/zij is	häj/säj iß	er/sie ist
wij zijn	wäj säjn	wir sind
jullie zijn	jöllie säjn	ihr seid
zij zijn	säj säjn	sie sind

ik heb	ik häp	ich habe
jij hebt	jäj häpt	du hast
u heeft	ü heeft	Sie haben
hij/zij heeft	häj/säj heeft	er/sie hat
wij hebben	wäj häbbèn	wir haben
jullie hebben	jöllie häbbèn	ihr habt
zij hebben	säj häbbèn	sie haben

Vergangenheit

ik was	ik waß	ich war
jij was	jäj waß	du warst
u was	ü waß	Sie waren
hij/zij was	häj/säj waß	er/sie war
wij waren	wäj waarèn	wir waren
jullie waren	jöllie waarèn	ihr wart
zij waren	säj waarèn	sie waren

ik had	ik hat	ich hatte
jij had	jäj hat	du hattest
u had	ü hat	Sie hatten
hij/zij had	häj/säj hat	er/sie hatte
wij hadden	wäj haddèn	wir hatten
jullie hadden	jöllie haddèn	ihr hattet
zij hadden	säj haddèn	sie hatten

Tätigkeitswörter

Niederländische Tätigkeitswörter (Verben) enden in der Grundform auf **-en**.

werken	wärkèn	arbeiten
zoeken	sukèn	suchen

Gegenwart

Den Verbstamm erhält man, indem man diese zwei Buchstaben abtrennt. Die Ich-Form entspricht dem Stamm.

ik werk	ik werk	ich arbeite
ik zoek	ik suk	ich suche

Auch bei Fragen mit **jij/je** (du) wird der Verbstamm verwendet.

Werk je?	wärk jè	Arbeitest du?
Zoek je?	suk jè	Suchst du?

Die Form für „du" sowie für „er, sie" und „Sie" endet auf **-t**.

jij werkt	jäj wärkt	du arbeitest
jij zoekt	jäj sukt	du suchst

hij/zij werkt	häj/säj wärkt	er/sie arbeitet
hij/zij zoekt	häj/säj sukt	er/sie sucht

u werkt	ü wärkt	Sie arbeiten
u zoekt	ü sukt	Sie suchen

Die Mehrzahl der Gegenwart ist immer mit der Grundform identisch.

wij werken	wäj wärkèn	wir arbeiten
wij zoeken	wäj sukèn	wir suchen
jullie werken	jöllie wärkèn	ihr arbeitet
jullie zoeken	jöllie sukèn	ihr sucht
zij werken	säj wärkèn	sie arbeiten
zij zoeken	säj sukèn	sie suchen

Hier nochmal alles in einer Übersicht:

werken	wärkèn	arbeiten
ik werk	ik wärk	ich arbeite
jij werkt	jäj wärkt	du arbeitest
u werkt	ü wärkt	Sie arbeiten
hij/zij werkt	häj/säj wärkt	er/sie arbeitet
wij werken	wäj wärkèn	wir arbeiten
jullie werken	jöllie wärkèn	ihr arbeitet
zij werken	säj wärkèn	sie arbeiten

zoeken	sukèn	suchen
ik zoek	ik suk	ich suche
jij zoekt	jäj sukt	du suchst
u zoekt	ü sukt	Sie suchen
hij/zij zoekt	häj/säj sukt	er/sie sucht
wij zoeken	wäj sukèn	wir suchen
jullie zoeken	jöllie sukèn	ihr sucht
zij zoeken	säj sukèn	sie suchen

Zukunft

Um sich die Sache möglichst einfach zu machen, kann man die Gegenwartsform mit einem Zeitbegriff verwenden, wenn man etwas Zukünftiges aussagen will, zum Beispiel „Morgen komme ich."

Korrekterweise wird die Zukunft mit **zullen** söllèn (werden) und der Grundform des Verbs gebildet.

Achtung, das niederländische Wort **worden** wordèn bedeutet ebenfalls „werden", wird aber nur in Passivsätzen benutzt.

ich werde kommen usw.

ik	**zal**	**komen**	ik sall koomèn
jij, u	**zult**	**komen**	jäj süllt koomèn
hij, zij	**zal**	**komen**	häj/säj sall koomèn
wij	**zullen**	**komen**	wäj süllen koomèn
jullie	**zullen**	**komen**	jöllie süllen koomèn
zij	**zullen**	**komen**	säj süllen koomèn

Die einfache Vergangenheit (Imperfekt)

Die einfache Vergangenheit wird mit den Endungen **-te** für Einzahl und **-ten** für Mehrzahl gebildet, wenn der Stamm auf einen **harten Mitlauten** auslautet.

werken wärkèn – **Stamm: werk (k ist hart)**		
ik werkte	ik wärktè	ich arbeitete
jij werkte	jäj wärktè	du arbeitetest
u werkte	ü wärktè	Sie arbeiteten
hij/zij werkte	häj/säj wärktè	er/sie arbeitete
wij werkten	wäj wärktèn	wir arbeiteten
jullie werkten	jöllie wärktèn	ihr arbeitetet
zij werkten	säj wärktèn	sie arbeiteten

Wenn der Stamm auf einen **weichen Mitlaut** endet, werden stattdessen die Endungen **-de** und **-den** verwendet.

wonen woonèn – **Stamm: woon (n ist weich)**		
ik woonde	ik woondè	ich wohnte
jij woonde	jäj woondè	du wohntest
u woonde	ü woondè	Sie wohnten
hij/zij woonde	häj/säj woondè	er/sie wohnte
wij woonden	wäj woondèn	wir wohnten
jullie woonden	jöllie woondèn	ihr wohntet
zij woonden	säj woondèn	sie wohnten

zusammengesetzte Zeiten

Die vollendete Gegenwart (Perfekt) wird wie im Deutschen mit **hebben** oder **zijn** gebildet

(s. Kapitel „Sein & Haben") und dann folgt das Partizip des Hauptverbs, das immer die Vorsilbe **ge-** hat. Die Endung richtet sich danach, ob der Stamm auf einen harten oder weichen Mitlauten endet.

Partizip

Das Partizip bei **harten Mitlauten** wird gebildet aus ge- Verbstamm -t, bei **weichen Mitlauten** aus ge- Verbstamm **-d**.

werken	Stamm: **werk**	Partizip: **gewerkt**
wonen	Stamm: **woon**	Partizip: **gewoond**

Perfekt

ich habe gewohnt usw.

ik	**heb**	**gewoond**	ik häb chèwoond
jij,u	**hebt**	**gewoond**	jäj,ü häbt chèwoond
hij,zij	**heeft**	**gewoond**	häj,säj heeft chèwoond
wij	**hebben**	**gewoond**	wäj häbben chèwoond
jullie	**hebben**	**gewoond**	jöllie häbben chèwoond
zij	**hebben**	**gewoond**	säj häbben chèwoond

ich bin gekommen usw.

ik	**ben**	**gekomen**	ik bänn chèkoomèn
jij,u	**bent**	**gekomen**	jäj, ü bännt chèkoomèn
hij,zij	**is**	**gekomen**	häj, säj iß chèkoomèn
wij	**zijn**	**gekomen**	wäj säjn chèkoomèn
jullie	**zijn**	**gekomen**	jöllie säjn chèkoomèn
zij	**zijn**	**gekomen**	säj säjn chèkoomèn

Im Allgemeinen kann gesagt werden, dass immer, wenn man im Deutschen Formen von

„haben" verwendet, im Niederländischen **hebben** und in allen anderen Fällen **zijn** verwendet. Eine vollendete Vergangenheit (Plusquamperfekt) gibt es natürlich auch. Sie wird wie das Perfekt gebildet, allerdings mit **had/hadden** had/haddèn oder **was/waren** waß/waarèn.

Möglichkeitsform

Die Möglichkeitsform (Konditional) wird mit **zou** und **zouden** plus der Grundform des Verbs gebildet:

ik	**zou**	**komen**	ik sau koomèn
jij,u	**zou**	**komen**	jäj, ü sau koomèn
hij,zij	**zou**	**komen**	häj, säj sau koomèn
wij	**zouden**	**komen**	wäj saudèn koomèn
jullie	**zouden**	**komen**	jöllie saudèn koomèn
zij	**zouden**	**komen**	säj saudèn koomèn

ich würde kommen usw.

Passiv

Für das Passiv verwendet man Formen von **worden** (werden):

ik word geroepen	ik wort chèrupèn
jij,u wordt geroepen	jäj, ü wort chèrupèn
hij,zij wordt geroepen	häj, säj wort chèrupèn
wij worden geroepen	wäj wordèn chèrupèn
jullie worden geroepen	jöllie wordèn chèrupèn
zij worden geroepen	säj wordèn chèrupèn

ich werde gerufen usw.

Unregelmäßige Verben

Die folgenden Verben haben unregelmäßige Vergangenheitsformen. Angegeben ist immer die Grundform, die einfache Vergangenheit (Imperfekt) und das Partizip. Diese Liste zeigt nur die wichtigsten unregelmäßigen Verben:

backen	**bakken** bakèn	**bakte** baktè	**gebakken** chèbackèn
beginnen	**beginnen** bèchinnèn	**begon** bèchonn	**begonnen** bèchonnèn
bewegen	**bewegen** bèweechèn	**bewoog** bèwooch	**bewogen** bèwoochèn
beten	**bidden** biddèn	**bad** bat	**gebeden** chèbeedèn
bieten	**bieden** biedèn	**bood** boot	**geboden** chèboodèn
beißen	**bijten** bäjtèn	**beet** beet	**gebeten** chèbeetèn
bleiben	**blijven** bläjvèn	**bleef** bleef	**gebleven** chèbleevèn
braten	**braden** braadèn	**braadde** braadè	**gebraden** chèbraadèn
brechen	**breken** breekèn	**brak** brak	**gebroken** chèbrookèn
bringen	**brengen** brängèn	**bracht** bracht	**gebracht** chèbracht
denken	**denken** dänkèn	**dacht** dacht	**gedacht** chèdacht
tun	**doen** dunn	**deed** deet	**gedaan** chèdaan

dragen draachèn	**droeg** druch	**gedragen** chèdraachèn	*tragen*
drinken drinkèn	**dronk** dronk	**gedronken** chèdronkèn	*trinken*
eten eetèn	**at** at	**gegeten** chècheetèn	*essen*
gaan chaan	**ging** ching	**gegaan** chèchaan	*gehen*
genieten chènietèn	**genoot** chènoot	**genoten** chènootèn	*genießen*
geven cheevèn	**gaf** chaff	**gegeven** chècheevèn	*geben*
gieten chietèn	**goot** choot	**gegoten** chèchootèn	*gießen*
hangen hangèn	**hing** hing	**gehangen** chèhangèn	*hängen*
hebben häbbèn	**had** had	**gehad** chèhad	*haben*
heten heetèn	**heette** heetè	**geheten** chèheetèn	*heißen*
houden haudèn	**hield** hield	**gehouden** chèhaudèn	*halten*
kiezen kiesèn	**koos** kooß	**gekozen** chèkosèn	*wählen*
kijken käjkèn	**keek** keek	**gekeken** chèkeekèn	*schauen*
komen koomen	**kwam** kwamm	**gekomen** chèkoomèn	*kommen*
kopen koopèn	**kocht** kocht	**gekocht** chèkocht	*kaufen*
krijgen kräjchèn	**kreeg** kreech	**gekregen** chèkreechèn	*bekommen*

lassen	**laten**	**liet**	**gelaten**
	latèn	liet	chèlatèn
lesen	**lezen**	**las**	**gelezen**
	leesèn	laß	chèleesèn
liegen	**liggen**	**lag**	**gelegen**
	liggèn	lach	chèleegèn
scheinen	**lijken**	**leek**	**geleken**
	läjkèn	leek	chèleekèn
gehen	**lopen**	**liep**	**gelopen**
	loopèn	liep	chèloopèn
nehmen	**nemen**	**nam**	**genomen**
	neemèn	namm	chènoomèn
raten	**raden**	**ried**	**geraden**
	raadèn	riet	chèraadèn
fahren	**rijden**	**reed**	**gereden**
	räjdèn	reet	chèreedèn
rufen	**roepen**	**riep**	**geroepen**
	rupèn	riep	chèrupèn
riechen	**ruiken**	**rook**	**geroken**
	röikèn	rook	chèrokèn
schenken	**schenken**	**schonk**	**geschonken**
	ßchänkèn	ßchonk	chèßchonkèn
rasieren	**scheren**	**schoor**	**geschoren**
	ßcheerèn	ßchoor	chèßchoorèn
schießen	**schieten**	**schoot**	**geschoten**
	ßchietèn	ßchoot	chèßchooten
scheinen	**schijnen**	**scheen**	**geschenen**
	ßchäjnen	ßcheen	chèßcheenèn
schreiben	**schrijven**	**schreef**	**geschreven**
	ßchräjvèn	ßchreef	chèßchreevèn
erschrecken	**schrikken**	**schrok**	**geschrokken**
	ßchrikén	ßchrok	chèßchrokèn

slaan ßlaan	**sloeg** ßluch	**geslagen** chèßlaachèn	*schlagen*
slapen ßlaapèn	**sliep** ßliep	**geslapen** chèßlaapèn	*schlafen*
sluiten ßlöitèn	**sloot** ßloot	**gesloten** chèßlootèn	*schließen*
snijden ßnäjden	**sneed** ßneed	**gesneden** chèßneedèn	*schneiden*
spreken ßreekèn	**sprak** ßprak	**gesproken** chèßrookèn	*sprechen*
springen ßpringèn	**sprong** ßprong	**gesprongen** chèßprongèn	*springen*
staan ßtaan	**stond** ßtond	**gestaan** chèßtaan	*stehen*
stelen ßteelèn	**stal** ßtall	**gestolen** chèßtoolèn	*stehlen*
sterven ßtärvèn	**stierf** ßtierf	**gestorven** chèßtorvèn	*sterben*
treden treedèn	**trad** trat	**getreden** chètreedèn	*treten*
treffen träffèn	**trof** troff	**getroffen** chètroffèn	*treffen*
trekken träkèn	**trok** trok	**getrokken** chètrokèn	*ziehen*
vallen vallèn	**viel** viel	**gevallen** chèvallèn	*fallen*
vangen vangèn	**ving** ving	**gevangen** chèvangèn	*fangen*
varen vaarèn	**voer** vuur	**gevaren** chèvaarèn	*fahren (Schiff)*
vergeten vèrcheetèn	**vergat** vèrchatt	**vergeten** vèrcheetèn	*vergessen*

Tätigkeitswörter

verlieren	**verliezen** vèrliesèn	**verloor** vèrloor	**verloren** vèrlorèn
finden	**vinden** vindèn	**vond** vond	**gevonden** chèvondèn
fragen	**vragen** vraachèn	**vroeg** vruch	**gevraagd** chèvraachd
frieren	**vriezen** vriesèn	**vroor** vroor	**gevroren** chèvroorèn
waschen	**wassen** waßèn	**waste** waßtè	**gewassen** chèwassèn
werfen	**werpen** wärpèn	**wierp** wierp	**geworpen** chèworpèn
zeigen	**wijzen** wäjsèn	**wees** wees	**gewezen** chèweesèn
gewinnen	**winnen** winnèn	**won** won	**gewonnen** chèwonnèn
werden	**worden** wordèm	**werd** wärd	**geworden** chèwordèn
sagen	**zeggen** sächèn	**zei** säj	**gezegd** chèsächd
senden	**zenden** sändèn	**zond** sond	**gezonden** chèsondèn
sein	**zijn** säjn	**was** waß	**geweest** chèweeßt
singen	**zingen** singèn	**zong** song	**gezongen** chèsongèn
sitzen	**zitten** sittèn	**zat** satt	**gezeten** chèseetèn
suchen	**zoeken** sukèn	**zocht** socht	**gezocht** chèsocht
schwimmen	**zwemmen** swämmèn	**zwom** swomm	**gezwommen** chèswommèn

Verhältniswörter & Fälle

Hurra, im Niederländischen haben die Fälle kaum Bedeutung. **Haupt- und Eigenschaftswörter** werden nicht gebeugt. Dort, wo man im Deutschen den 2. Fall anwendet (z. B. des Vaters), wird im Niederländischen **van de vader**, also „von dem Vater“ gebraucht. Was die **Fürwörter** anbelangt, so existiert für den 3. und 4. Fall nur eine Form (s. Kap. „Persönliche Fürwörter“).

Hier nun eine Liste der wichtigsten Verhältniswörter.

aan	aan	an
op	op	auf
uit	öit	aus
buiten	böitèn	außer
bij	bäj	bei
tot	tot	bis
door	door	durch
voor	voor	für
tegen	teechèn	gegen
achter	achtèr	hinter
in	in	in
met	mät	mit
naar, na	naar, naa	nach
nabij	naabäj	nahe
naast	naaßt	neben
zonder	sondèr	ohne
in plaats van	in plaatß van	statt

over	ovèr	über
om	omm	um
onder	ondèr	unter
van	van	von
voor	voor	vor, für
gedurende	chèdürèndè	während
vanwege	vanweegè	wegen
te	tè	zu
tussen	tößèn	zwischen

met de auto
mät dè owtow
mit dem Auto

zonder de auto
sondèr dè owtow
ohne das Auto

vanwege de auto
vanweegè dè owtow
wegen des Autos

Bindewörter

Die Bindewörter (Konjunktionen) werden wie im Deutschen verwendet. Ich empfehle allerdings für den Anfang, zunächst möglichst kurze Sätze zu bilden.

maar	maar	aber
of	off	ob, oder
toen	tun	als
dan	dann	als
hoewel	huwäll	obwohl
dus	döß	also
ook	ook	auch
zonder te	sondèr tè	ohne zu
voor (dat)	voor (dat)	bevor
sinds	ßindß	seit
tot	tot	bis
zo	so	so
daarmee	daarmee	damit
ermee	èrmee	damit
om te	om tè	um zu
dat	dat	dass
en	änn	und
of ... of	off ... off	entweder ... oder
terwijl	tèrwäjl	währens
tenzij	tènsäj	es sei denn
noch ... noch	noch ... noch	weder ... noch
indien	indien	falls
omdat	omdat	weil
nadat	naadatt	nachdem
als	alß	wenn

Wenden Sie die komplizierteren Konstruktionen lieber erst bei mehr Übung an.

Hier einige Beispiele, wie man die wichtigsten Bindewörter verwenden kann.

dat	**Ik hoop dat ik niet stoor.**
dat	ik hoop dat ik niet ßtoor
(dass)	Ich hoffe, dass ich nicht störe.
en	**Ik wil naar Amsterdam reizen en moet**
änn	**nog een kaartje kopen.**
(und)	ik will naar amßtèrdamm räjsèn änn mut noch een kaartjè koopèn
	ich will nach Amsterdam reisen und muss noch ein Kärtchen kaufen
	Ich will nach Amsterdam fahren und muss noch eine Fahrkarte kaufen.
of	**Wenst u een eenpersoonskamer of een**
off	**tweepersoonskamer**
(oder)	wänßt ü een eenpèrßoonßkaamèr off een tweepèrßoonßkaamèr
	möchten Sie ein Einpersonenzimmer oder ein Zweipersonenzimmer
	Möchten Sie ein Einzelzimmer oder ein Doppelzimmer?
om … te	**Hij gaat naar de boekwinkel om een**
omm … tè	**woordenboek te kopen.**
(um … zu)	häj chaat naar dè bukwinkèl om een woordènbuk tè koopèn
	er het nach der Buchhandel um ein Wörterbuch zu kaufen
	Er geht in eine Buchhandlung, um ein Wörterbuch zu kaufen.

Hij was ziek, maar ik niet.
häj waß siek, maar ik niet
Er war krank, aber ich nicht.

maar
maar
(aber)

Ik ben iedere dag aan het strand geweest, toen ik in Nederland was.
ik bän iedèrè dach aan hèt ßtrand chèweeßt, tunn ik in needèrland waß
Ich bin jeden Tag am Strand gewesen, als ich in den Niederlanden war.

toen
tunn
(als)

Ik vind het heerlijk als het niet regent.
ik vind hèt heerlèk alß hèt niet reegènt
Ich finde es herrlich, wenn es nicht regnet.

als
alß
(wenn)

Sonstige kurze Wörter

Folgende häufig vorkommenden Wörter sollte man sich gut einprägen, da sie oft ganz unterschiedlich zum Deutschen sind.

alle	**alle, al de, allemaal**	allè, alldè, allèmaal
jemand	**iemand**	iemand
alles	**alles**	allèß
man	**men, ze, je**	mèn, sè, jè
daran	**daaraan, eraan**	daraan, èraan
manche	**sommige**	ßommichè
darin	**daarin, erin**	daarin, èrin
nichts	**niets, niks**	nietß, nikß
dasselbe	**hetzelfde**	hètsälfdè
niemand	**niemand**	niemand
derselbe	**dezelfde**	dèsälfde
selber	**zelf**	sälf
einige	**enkele, enige**	änkèlè, eenigè
sogar	**zelfs**	sälfß
etwas	**iets, wat**	ietß, wat
solch	**zo'n**	soon
irgendein	**een of andere**	een off andèrè
verschiedene	**verschillende**	vèrßchillèndè
jede (-r,-s)	**elk, ieder**	älk, iedèr
viele	**veel, vele**	veel, veelè
jedermann	**iedereen**	iedèreen
wenige	**weinige**	wäjnichè

Fragen

Man unterscheidet wie im Deutschen zwischen Ergänzungs- und Entscheidungsfragen.

Entscheidungsfragen

Entscheidungsfragen werden mit Hilfe von Fragewörtern gebildet. Die Antwort ist ein vollständiger Satz.

wie?	wie	wer?, wen?
wat?	wat	was?
welk(e)?	wällk(è)	welche?
hoe?	hu	wie?
waarom?	waaromm	warum?
wanneer?	wanneer	wann?
waar?	waar	wo?
waarvandaan?	waarvandaan	woher?
waarnaartoe?	waarnaartu	wohin?
hoeveel(e)?	huveel	wie viel(e)?

Hier einige Beispiele für typische Fragesätze mit möglichen Antworten.

Wie is dit?
wie iß dit
Wer ist das?

Dit is mijn vriendin.
dir iß mäjn vriendinn
Das ist meine Freundin.

Hoe heet je/u?
hu heet jè/ü
Wie heißt du/heißen Sie?

Ik heet O'Niel.
ik heet oniel
Ich heiße O'Niel.

Fragen

Waar kom je/komt u vandan?
waar komm jè/kommt ü vandaan
Wo kommst du/kommen Sie her?

Ik kom uit Duitsland.
ik komm öit döitßland
Ich komme aus Deutschland.

Waar wonen jullie?
waar woonèn jöllie
Wo wohnt ihr?

We wonen in Amsterdam.
wè woonèn in amßtèrdamm
Wir wohnen in Amsterdam.

Waneer ontmoeten we elkaar?
wanneer ontmuttèn wè älkaar
Wann treffen wir uns?

Om negen uur.
om neegèn ür
Um neun Uhr.

Wat betekent „melk"?
wat bèteekènt mälk
Was bedeutet „melk"?

Dat is „Milch".
dat is milch
Das heißt „Milch".

Wenn man keine Antwort parat hat:

Ik weet het niet.
ik weet hèt niet
Ich weiß (es) nicht.

Entscheidungsfragen

Auf Entscheidungsfragen kann man nur mit **ja** (ja) oder **nee** (nein) antworten. Sie werden ohne Fragewörter gebildet und sind wie im Deutschen aufgebaut:

ja – nee	jaa – nee	ja – nein
niet – geen	niet – cheen	nicht – kein

Ein Hauptwort verneint man mit **geen** *(kein) und einen Satz mit* **niet** *(nicht).*

Wil je ook een kopje?
will jè ook een kopjè
Willst du auch eine Tasse?

Ja, heel graag.
ja heel chraach
Ja, ganz gerne.

Verkoopt u ook eieren?
vèrkoopt ü ook äjèrèn
Verkaufen Sie auch Eier?

Eigenlijk niet.
äjchènlèk niet
Eigentlich nicht.

Mag ik uw telefoon gebruiken?
mach ik ü teelèfoon chèbröikèn
Darf ich Ihr Telefon benutzen?

Natuurlijk.
natüürlèk
Natürlich.

Je werkt morgen.
jè wärkt morchèn
Du arbeitest morgen.

Werk je morgen?
wärk jè morchèn
Arbeitest du morgen?

Wenn **je/jij** *(du) hinter dem Verb steht, entfällt die Endung* **-t** *bei regelmäßigen Verben.*

Ik heb geen geld.
ik häp cheen gäld
Ich habe kein Geld.

Ik begrijp niet wat je wilt.
ik bèchräjp niet wat jè willt
Ich verstehe nicht, was du willst.

Zahlen

Die Zahlen klingen teilweise wie im Englischen.

1	**een**	een	11	**elf**	älff
2	**twee**	twee	12	**twaalf**	twaalf
3	**drie**	drie	13	**dertien**	därtien
4	**vier**	vier	14	**veertien**	veertien
5	**vijf**	väjf	15	**vijftien**	väjftien
6	**zes**	säß	16	**zestien**	säßtien
7	**zeven**	seevèn	17	**zeventien**	seevèntien
8	**acht**	acht	18	**achttien**	achtien
9	**negen**	neechèn	19	**negentien**	neechèntien
10	**tien**	tien	20	**twintig**	twintich

21	**eenentwintig**	eenèntwintich
22	**tweeëntwintig**	tweeèntwintich
23	**drieëntwintig**	drieèntwintich
24	**vierentwintig**	vierèntwintich
30	**dertig**	därtich
40	**veertig**	veertich
50	**vijftig**	väjftich
60	**zestig**	säßtich
70	**zeventig**	seevèntich
80	**tachtig**	tachtich
90	**negentig**	neechèntich

100	**honderd**	hondèrd
101	**honderdeen**	hondèrdèneen
200	**tweehonderd**	tweehondèrd
300	**driehonderd**	driehondèrd

1000	**duizend**	döisènd
2000	**tweeduizend**	tweedöisènd
10000	**tienduizend**	tiendöisènd
1 Mio.	**een miljoen**	een milljun

1/2	**een half**	een half
1/3	**een derde**	een därdè
1/4	**een kwart**	een kwart

negentieneenennegentig
neechèntieneenènneechèntich
1991

Ordnungszahlen

1.	**eerste**	eerßtè
2.	**tweede**	tweedè
3.	**derde**	därrdè
4.	**vierde**	vierdè
5.	**vijfde**	väjfdè
6.	**zesde**	säßdè
7.	**zevende**	seevèndè
8.	**achtste**	achßtè
9.	**negende**	neechèndè
10.	**tiende**	tiendè
11.	**elfde**	älfdè
12.	**twaalfde**	twaalfdè
13.	**dertiende**	därtiendè
20.	**twintigste**	twintichßtè
30.	**dertigste**	därtichßtè
100.	**honderdste**	hondèrdßtè

Zeitangaben

Hier eine Zusammenstellung der wichtigsten Zeitangaben.

allgemeine Zeitangaben

's morgens	ßmorchenß	am Morgen
's middags	ßmiddachß	vormittags
overdag	ovèrdach	tagsüber
's avonds	ßaavèndß	abends
's nachts	ßnachtß	nachts

eergisteren	eerchißtèrèn	vorgestern
gisteren	chißtèrèn	gestern
vandaag	vandaach	heute
morgen	morchèn	morgen
overmorgen	ovèrmorchèn	übermorgen

een week geleden een week chèleedèn	vor einer Woche
deze week deesè week	diese Woche
dagelijks daachèlèkß	täglich
binnen een week binnèn een week	innerhalb einer Woche
over een maand ovèr een maand	in einem Monat
volgend jaar volchènd jaar	nächstes Jahr

Wochentage

maandag	maandach	Montag
dinsdag	dinßdach	Dienstag
woensdag	wunßdach	Mittwoch
donderdag	dondèrdach	Donnerstag
vrijdag	vräjdach	Freitag
zaterdag	saatèrdach	Samstag
zondag	sonndach	Sonntag
feestdag	feeßtdach	Feiertag

Monate

januari	janüaarie	Januar
februari	febrüaarie	Februar
maart	maart	März
april	aprill	April
mei	mäj	Mai
juni	jünnie	Juni
juli	jüllie	Juli
augustus	auchößtöß	August
september	ßäptämmbèr	September
oktober	oktoobèr	Oktober
november	noovämmbèr	November
december	deeßämmbèr	Dezember

Jahreszeiten

voorjaar, lente	voorjaar, läntè	Frühling
zomer	soomèr	Sommer
herfst, najaar	härfßt, naajaar	Herbst
winter	winntèr	Winter

Feiertage

30. April	**koninginnedag** koonichinnèndach	Geburtstag der Königinmutter
1. Mai	**een mei** een mäj	Tag der Arbeit
5. Mai	**bevrijdingsdag** bèvräjdingßdach	Befreiungstag

Außerdem wie bei uns:

nieuwjaarsdag niewjaarßdach	Neujahr
Pasen paaßen	Ostern
Hemelvaartsdag heemèlvaartßtdach	Christi Himmelfahrt
Pinksteren pingßtèrèn	Pfingsten
Kerstmis kerßtmiß	Weihnachten

Diese Feiertage gelten für die Niederlande, in Belgien gibt es noch andere gesetzliche Feiertage.

Uhrzeit

Nach der Uhrzeit fragt man wie folgt:

Hoe laat is het?
hu laat iß hèt
Wie spät ist es?

Het is te laat/vroeg.
hèt iß tè laat/vruch
Es ist zu spät/früh.

Het is vijf uur.
hèt iß väjf ür
Es ist fünf Uhr.

Het is tien over vijf.
hèt iß tien ovèr väjf
Es ist zehn nach fünf.

Het is kwart over/voor vijf.
hèt iß kwart ovèr/voor väjf
Es ist Viertel nach/vor fünf.

Het is half vijf.
hèt iß half väjf
Es ist halb fünf.

Het is vijf voor zes.
hèt iß väjf voor säß
Es ist fünf vor sechs.

Hoe laat?
hu laat
Um wie viel Uhr?

Wanneer?
waaneer
Wann?

Om drie uur.
om drie ür
Um drei Uhr.

Van twee tot drie.
van twee tot drie
Von zwei bis drei.

Tussen acht en negen uur.
tößèn acht änn neegèn ür
Zwischen acht und neun Uhr.

Over twee uur.
ovèr twee ür
In zwei Stunden.

(vijf minuten) geleden
väjf minütèn chèleedèn
vor (fünf Minuten)

om het half uur
om hèt half ür
alle halbe Stunde

ieder uur
iedèr ür
jede Stunde

over een uur
ovèr een ür
in einer Stunde

Sinds wanneer?
ßindß waaneer
Seit wann?

Sinds een half uur.
ßindß een half ür
Seit einer halben Stunde.

Sinds zes uur.
ßindß seß ür
Seit sechs Uhr.

Sinds drie dagen.
ßindß drie daagèn
Seit drei Tagen.

Hoe lang?
hu lang
Wie lange?

Vier uur lang.
vier ür lang
Vier Stunden lang.

Dames
en
Heren
Kapsalon Corin
22

Alltag in den Niederlanden

Das Leben einer niederländischen Familie auf dem Land spielt sich viel im Haus ab. Natürlich muss das nicht immer so sein. Aber das oft trübe regnerische Wetter lädt nicht dazu ein, sich viel draußen aufzuhalten. Auch sonst gehen viele Niederländer nicht sehr oft aus. Wenn Freunde oder Bekannte eingeladen werden, dann eher nach Hause als in eine Gaststätte.

Ist man nachmittags zum Tee eingeladen, dann wird meist kein großer Aufstand daraus gemacht. Es gibt vielleicht ein paar Plätzchen, aber im Allgemeinen ist es üblich, nach spätestens einer Stunde wieder zu gehen. Genauso ist es morgens beim Kaffeetrinken. Unter guten Freunden, bei Geburtstagen oder ähnlichen Gelegenheiten wird allerdings wie bei uns auch länger zusammengesessen.

In der Großstadt sieht es anders aus. Hier gibt es viele Cafés, Teestuben, Jugendzentren, Musikhallen und Tanzschuppen, wo man sich zwanglos trifft.

Anrede

Die Anrede älteren Leuten gegenüber ist **mevrouw** mèvrauw (meine Dame) oder **meneer** mèneer (mein Herr). Sonst werden diese Anredeformen kaum noch gebraucht.

Die höflichliche Anrede im Niederländischen lautet **u** ü (wird offiziell nur noch in der Bibel groß geschrieben) und gilt für eine oder mehrere Personen. Dem deutschen „du" und „ihr" entsprechen **je** jè und **jullie** jöllie. Im Allgemeinen werden Leute geduzt, die man auch im Deutschen duzen würde, z. B. Kinder, Freunde, Bekannte oder Kollegen. Je nachdem, in welchem Personenkreis man sich befindet, kann ein zu schnelles vertrautes „du" auch als unpassend empfunden werden.

Wie schon unter „Fragesätze" erwähnt, entfällt die Endung **-t**, wenn hinter dem Verb **je** jè oder **jij** jäj steht. Wenn man also in einem Satz „du" durch „Sie" austauschen möchte, muss in Fragen und Aufforderungen auch die Verbendung **-t** hinzugefügt werden.

Zum Beispiel:

Wat zeg je? wat säch jè Was sagst du?	**Wat zegt u?** wat sächt ü Was sagen Sie?
Spreek je Duits? ßpreek jè döitß Sprichst du Deutsch?	**Spreekt u Duits?** ßpreekt ü döitß Sprechen Sie Deutsch?

Kijk eens!
käjk eenß
Schau mal!

Kijkt u eens!
käjkt ü eenß
Schauen Sie mal!

Blijf maar!
bläjf maar
Bleib nur!

Blijft u maar!
bläjft ü maar
Bleiben Sie nur!

Hier ist eine Liste der wichtigsten Wörter, die man austauschen muss, unter anderem auch einige Hilfsverben:

	du	Sie
du/Sie	**je, jij** jè, jäj	**u** ü
dein/Ihr	**jouw** jau	**uw** ü
bitte	**alsjeblieft** aßjèblieft	**alstublieft** aßtèblieft
danke	**dank je** dank jè	**dank u** dank ü
kannst du/Sie?	**kan je?** kann jè	**kunt u?** könnt ü
wirst du/Sie?	**zal je?** sall jè	**zult u?** söllt ü

Begrüßen & Verabschieden

Hier sind die wichtigsten Begrüßungs- und Verabschiedungsfloskeln zusammengefasst.

Begrüßung

Goedemorgen! chujèmorchèn	Guten Morgen!
Goedendag! chujèndach	Guten Tag!
Goedemiddag! chujèmiddach	Guten (Mit-)Tag!
Goedenavond! chujènaavènt	Guten Abend!
Goedenacht! chujènacht	Gute Nacht!

Goede middag! chujèmiddach *sagt man zur Mittagszeit zur Begrüßung.*

Es gibt einen Ausdruck, der sowohl zum Abschied wie auch zum Gruß benutzt wird: **Dag!** dach, heißt eigentlich „Tag“, bedeutet aber „Hallo“ oder „Tschüss“.

Hoe is het met je?
hu iß hèt mätjè
wie ist es mit dir
Wie geht es dir?

Hoe gaat het?
hu chaat't
Wie geht's?

Dank je wel.
dank jè wäll
Danke gut.

En met jou?
änn mätt jau
Und dir?

Hoe was het vandaag?
hu waß hèt vanndaach
Wie war es heute?

Niets bijzonders.
nietß biesondèrß
Nichts besonderes.

Alles goed?
allèß chut
alles gut
Alles in Ordnung?

Abschied

Dag dag kann auch „auf Wiedersehen" bedeuten. Andere Möglichkeiten sind:

Ik moet nu helaas weggaan.
ik mutt nü heelaaß wächchaan
Ich muss jetzt leider gehen.

Groet ... van mij!
chrutt ... van mäj
Grüß ... von mir!

Goede reis!
chujè räjß
Gute Reise!

Tot ziens
tot ßienß
Auf Wiedersehen!

Tot gauw!
tot chau
Bis bald!

Welterusten!
wälltèrößtèn
Gute Nacht!

Tot morgen!
tot morchèn
Bis morgen!

Welterusten! wälltèrößtèn ist zusammengezogen aus **wel te rusten**, was wörtlich „gut zu ausruhen" bedeutet.

Bitte & Danke

Bei „danke“ und „bitte“ wird im Niederländischen ein Unterschied gemacht, je nachdem, ob man die angesprochene Person duzt oder siezt.

„Du“	**Dank je wel.** dank jè wäll	**Alsjeblieft.** aßjèblieft
„Sie“	**Dank u wel.** dank ü wäll	**Alstublieft.** aßtüblieft

Dank je/u wel dank jè/ü wäll heißt wörtlich „dank dir/Ihnen gut“, das **wel** kann auch entfallen.

Alstublieft aßtüblieft ist zusammengezogen aus **als het u belieft**, was so viel wie „wie es Ihnen beliebt“ bedeutet. Es handelt sich um eine wörtliche Übertragung des Französischen „s’il vous plaît“.

Geen dank!
cheen dank
kein Dank
Keine Ursache!

Graag gedaan!
chraach chèdaan
gern geschehen

Hartelijk dank!
hartèlèk dank
herzlichen Dank
Vielen Dank!

Floskeln & Sprüche

Einige Floskeln sollte man einfach parat haben, hier eine Auswahl der wichtigsten:

Neemt u mij niet kwalijk.
neemt ü mäj niet kwaalèk
nehmen Sie mir nicht übel
Entschuldigung!

Pardon!
pardon
Entschuldigung!

Dat spijt me.
dat ßpäjt mè
Das tut mir Leid.

Het was niet zo bedoeld.
hèt waß niet so bèdulld
Es war nicht so gemeint.

Het beste!
hèt bäßtè
das beste
Alles Gute!

Hartelijk gefeliciteerd!
hartelèk chèfeeliesieteerd
Herzlichen Glückwunsch!

Das **er** èr *hat meist keine bestimmte Bedeutung, sondern ist nur ein Füllwort.*

Floskeln & Sprüche

Hoor *wird in kurzen Antworten ebenfalls als Füllwort gebraucht:*

Ja hoor.
jaa hoor
Ja.

Nee hoor.
nee hoor
Nein.

Goed hoor.
chut hoor
Gut.

Moet je kijken!
mutt jè käjkèn
musst du schauen
Kannst du mal sehen!

Wat'n weer!
watn weer
Was für ein Wetter!

Wat kan mij dat schelen?
watt kann mäj dat ßcheelèn
was kann mich das scheren
Was geht mich das an?

Nou, en?
nau, änn
Na und?

Als ik jou/u was ...
alß ik jau/ü waß
Wenn ich du/Sie wäre ...

Nichts verstanden? – Weiterlernen!

Falls die Verständigung mal nicht hundertprozentig klappen sollte, hier einige nützliche Sätze:

Wat zeg je/zegt u?
wat säch jè/sächt ü
was sagst du/Sie
Wie bitte?

Ik versta het niet.
ik vèrßtaa hèt niet
Ich verstehe es nicht.

Ik begrijp je niet.
ik bèchräjp jè niet
Ich verstehe dich nicht.

Wil je het alsjeblieft herhalen?
will jè hèt aßjèblieft hèrhaalèn
willst du es bitte wiederholen
Würdest du das bitte wiederholen?

Spreek je Nederlands/Duits/Engels/Frans?
ßpreek jè needèrlandß/döitß/ängèlß/franß
Sprichst du Niederländisch/Deutsch/Englisch/Französisch?

Wat betekent dat?
wat bèteekènt dat
Was bedeutet das?

Hoe spreek je dit woord uit?
hu ßpreek jè dit woord öit
Wie spricht man dieses Wort aus?

Wil je iets langzamer spreken!
will jè ietß langsaamèr ßreekèn
willst du etwas langsamer sprechen
Würdest du etwas langsamer sprechen!

Wat is ... in het Nederlands?
wat iß ... in hèt needèrlandß
was ist ... in dem Niederländischen
Wie heißt ... in Niederländisch?

Man könnte zum Beispiel fragen: **Wat is** 'Mantel' **in het Nederlands?**, und falls der Gesprächspartner das deutsche Wort versteht, wird er antworten: **Jas** jaß.

Man könnte auch auf einen Gegenstand zeigen und sagen: **Wat is dat in het Nederlands?** So kann man sich viele Wörter durch Fragen aneignen.

Sich kennenlernen

Wenn man sich kennenlernt, werden immer die gleichen Fragen gestellt.

Hoe heet je?
hu heet jè
Wie heißt du?

Hoe heet u?
hu heet ü
Wie heißen Sie?

Mijn naam is ...
mäjn naam iß
Mein Name ist ...

Ik heet ...
ik heet
Ich heiße ...

Dat is mijn ...
dat iß mäjn
Das ist mein(e) ...

man	mann	Mann
vrouw	vrauw	Frau
vriend	vriend	Freund
vriendin	vriendinn	Freundin
zoon	soon	Sohn
dochter	dochtèr	Tochter
verloofde	vèrloofdè	Verlobte(r)

Waar kom je vandaan?
waar komm jè vandaan
Wo kommst du her?

Ik kom uit Duitsland/Zwitserland/Oostenrijk.
ick komm öit döitßland/switßèrland/oostènräjk
Ich komme aus Deutschland/Schweiz/Österreich.

Ben je alleen?
bänn jè alleen
Bist du allein?

Bent u alleen?
bänt ü alleen
Sind Sie alleine?

Wenn man einen vorübergehenden Aufenthaltsort (z. B. Hotel) meint, benutzt man das Wort **logeren** loosheerèn, bei einem festen Wohnsitz **wonen** woonèn:

Waar logeer je/logeert u?
waar loosheer jè/loosheert ü
Wo wohnst du/wohnen Sie?

Ik logeer in Hotel Windmolen.
ik losheer in hootäll windmoolèn
Ich wohne im „Hotel Windmühle".

Waar woon je/woont u?
waar woon jè/woont ü
Wo wohnst du/wohnen Sie?

Ik woon in Utrecht.
ick woon in üträcht
Ich wohne in Utrecht.

Ik ben hier voor de eerste keer.
ick bänn hier voor dè eerßte keer
Ich bin hier zum ersten Mal.

Hoe oud ben je/bent u? Ik ben vijfentwintig.
hu aud bänn jè/bännt ü ik bänn väjfèntwintich
Wie alt bist du/sind Sie?Ich bin 25.

Berufe

Wat ben je/bent u van beroep?
wat bänn jè/bännt ü van bèrup
Was bist du/sind Sie von Beruf?

Ik ben student.
ik bänn ßtüdänt
Ich bin Student.

Waar studeer je?
waar ßtüdeer jè
Wo studierst du?

Wat studeer je?
wat ßtüdeer jè
Was studierst du?

Ik studeer medicijnen in Essen.
ick ßtüdeer meediesäjnèn in äßèn
Ich studiere Medizin in Essen.

Ik zit nog op school.
ik sitt noch op ßchool
ich sitze noch auf Schule
Ich gehe noch zur Schule.

Ik werk bij ...
ik wärk bäj
Ich arbeite bei ...

bediende	bèdiendè	*Angestellte*
advocaat	advookaat	*Anwalt*
arts/dokter	artß/doktèr	*Arzt*
bakker	bakkèr	*Bäcker*
ambtenaar	amtènaar	*Beamter*
mijnwerker	mäjnwärkèr	*Bergmann*
bedrijfseconomie	bèdräjfßeekonomie	*BWL*
boekhouder	bukhaudèr	*Buchhalter*
scheikunde	ßchäjkönndè	*Chemie*
tolk	tolk	*Dolmetscher*
electricien	eeläktriesjä	*Elektriker*
geschoolde arbeider	chèßchooldè arbäjdèr	*Facharbeiter*

Friseur	**kapper**	kappèr
Gärtner	**tuinman**	töinmann
Geographie	**aardrijkskunde**	aardräjkßkönndè
Geschichte	**geschiedenis**	cheßchiedèniß
Handwerker	**werkman**	wärkmann
Hausfrau	**huisvrouw**	höißvrauw
Jura	**rechten**	rächtèn
Kellnerin	**serveerster**	ßärveerßtèr
Kindergärtnerin	**kleuterleidster**	klötèrläjtßtèr
Koch	**kok**	kok
Konditor	**banketbakker**	bangkättbakkèr
Krankenschwester	**verpleegster**	vèrpleechßtèr
Künstler	**kunstenaar**	könßtènaar
Bauer	**boer**	buur
Lehrerin	**lerares**	leeraaräß
Maler	**schilder**	ßchildèr
Mathematik	**wiskunde**	wißkönndè
Maurer	**metselaar**	mätßelaar
Monteur	**monteur**	monntöör
Metger	**slager**	ßlaagèr
Pastor	**predikant/pastoor**	preediekant/paßtoor
Physik	**natuurkunde**	natüürköndè
Rentner	**rentenier*	ränntènier
Näherin	**naaister**	naajßtèr
Techniker	**technicus**	tächniköß

Freizeit, Kino, Disco

In der Freizeit kann man gute Kontakte bekommen und die Sprache dabei etwas üben.

Aan welke sport doe je?
aan wällkè ßport du jè
an welcher Sport tust du
Welchen Sport treibst du?

Waar kan je ...?
waar kann jè
Wo kann man ...?

Ik speel ...
ik ßpeel
Ich spiele ...

vissen	vißèn	angeln
schaatsen	ßchaatßèn	eislaufen
voetbal	vutball	Fußball
badminton	bädminntèn	Federball
handbal	handball	Handball
kegelen	keechèlèn	kegeln
fietsen	fietßèn	Rad fahren
paard rijden	paard räjdèn	reiten
roeien	rujèn	rudern
schaaken	ßchaakèn	Schach spielen
zwemmen	swämmèn	schwimmen
zeilen	säjlèn	segeln
duiken	döikèn	tauchen
tafeltennis	taafèltänniß	Tischtennis

Golf cholf, **hockey** hokkie, **minigolf** mieniecholf, **tennis** tänniß, **sauna** ßauna, **surfen** ßörfèn, **turnen** törnèn und **volleyball** vollieball heißen wie im Deutschen.

Gaan we naar de bioscoop?
chaan wè naar dè bieoßkoop
Gehen wir ins Kino?

Im Allgemeinen laufen die Filme im **bioscoop** bieoßkoop (Kino) im Originalton, d. h. meistens in englischer Sprache. Zusätzlich sind dann niederländische Untertitel zu sehen. In Belgien laufen die Filme mit niederländischen und gleichzeitig auch französischen Untertiteln.

Marihuana und Haschisch gelten in Holland nicht mehr als harte Drogen. So kommt es, dass in unzähligen **Koffieshops** koffieschops neben Kaffee auch die verschiedenen Dope-Arten angeboten werden. Wundern Sie sich nicht, wenn der Bedienende dort fragt, ob Sie Interesse am weiteren Angebot des Koffieshops haben. An den Türen kann man ein grünes Hanfblatt als Erkennungszeichen sehen.

Mag ik bij je komen zitten?
mach ik bäj jè koomèn sittèn
darf ich bei dir kommen sitzen
Kann ich mich zu dir setzen?

Zullen we samen iets drinken?
söllèn wè ßaamèn ietß drinkèn
sollen wir zusammen etwas trinken
Trinken wir etwas zusammen?

Mag ik je uitnodigen?
mach ik jè öitnoodichèn
Darf ich dich einladen?

Mag ik je op een etentje trakteren?
mach ik jè op een eetèntjè trakteerèn
darf ich dich auf ein Essen-chen einladen
Darf ich dich zum Essen einladen?

Zullen we gaan dansen?
söllèn wè chaan danßèn
sollen wir gehen tanzen
Wollen wir tanzen gehen?

Mag ik je naar huis brengen?
mach ik jè naar höiß brängèn
Darf ich dich nach Hause bringen?

Wanneer zien we elkaar weer?
wanneer sien wè älkaar weer
Wann sehen wir uns wieder?

Das erste Gespräch

Mit den Redewendungen der vorigen Seiten kann man schon ein kleines Gespräch führen. Vielleicht so eins:

Goedmiddag!
chujemiddach
Guten Mittag! *(wird nachmittags gesagt)*

Dag!	**Hoe is 't met je?**	**Goed, hoor.**
dach	hu ißt mätt jè	chut, hoor
Tag!	Wie geht's dir?	Gut.

Hoor ist ein Füllwort, das nichts bedeutet.

Hoe heet je?	**O'Niel, en jij?**	**Nelli.**
hu heet jè	oniel, änn jäj	nällie
Wie heißt du?	O'Niel, und du?	Nelli.

Waar kom je vandaan?
waar komm jè vanndaan
Wo kommst du her?

Ik kom uit Essen.	**Uit Duitsland!**
ik komm öit äßèn	öit döitßland
Ich komme aus Essen.	Aus Deutschland!

En je spreekt Nederlands?!
änn jè ßpreekt needèrlandß
Und du sprichst Niederländisch?!

Wil je alsjeblieft iets langzamer spreken?
will jè aßjèblieft ietß langsaamèr ßpreekèn
willst du bitte etwas langsamer sprechen
Könntest du bitte etwas langsamer sprechen?

Ja, natuurlijk.
jaa, natüürlèk
Ja, natürlich.

Wat ben je van beroep?
wat bänn jè van bèrup
Was bist du von Beruf?

Ik werk bij ....
ik wärk bäj
Ich arbeite bei ...

Heb je kinderen?
häb jè kinndèrèn
Hast du Kinder?

Ja, een zoon.
jaa, een soon
Ja, einen Sohn.

Heerlijk weer vandaag!
heerlèk weer vanndaach
Schönes Wetter heute!

Ja, heerlijk.
jaa, heerlèk
Ja, schön.

Ik moet nu naar huis.
ik mutt nü naar höiß
Ich muss jetzt nach Hause.

Tot gauw!
tot chauw
Bis bald!

Unterwegs

Die Abkürzung **VVV** veeveevee steht für **Vereniging voor Vreemdelingenverkeer** vèreeniching voor vreemdèlingènvèrkeer, was wörtlich „Vereinigung für Fremdenverkehr“ bedeutet.

Waar is het VVV-kantoor?
waar iß hèt veeveevee kanntoor
Wo ist die Touristeninformation?

Ik had graag een plattegrond van de stad.
ik hat chraach een plattèchrond van dè ßtat
ich hätte gern einen Plan von der Stadt
Ich möchte einen Stadtplan haben.

Kan men rondritten door de stad maken?
kann mèn rondrittèn door dè ßtat maakèn
kann man Rundfahrten durch die Stadt machen
Gibt es Stadtrundfahrten?

Hoeveel kost de rondrit?
huveel koßt dè rondrit
Wie viel kostet die Rundfahrt?

Etwas höflicher als **waar is** *ist diese Formulierung:*

Kan je/kunt u me zeggen, hoe ik naar ... moet?
kann jè/könnt ü mè sächèn hu ik naar ... mutt
kannst du/können Sie mir sagen wie ich nach ... muss
Kannst du/können Sie mir sagen, wie ich nach ... komme?

Wat is de kortste weg naar ...?
wat iß dè kortßtè wäch naar
Was ist der kürzeste Weg nach ...?

Hier die wichtigsten Richtungshinweise, die man verstehen sollte.

Ga ...	**Gaat u ...**	**Rijd ...**	**Rijdt u ...**
chaa	chaat ü	räjd	räjt ü
Geh ...	Gehen Sie ...	Fahr ...	Fahren Sie ...

rechtdoor rächtdoor	geradeaus
naar rechts naar rächtß	nach rechts
naar links naar linkß	nach links
terug tèröch	zurück
over de straat oovèr dè ßtraat	über die Straße
over het plein oovèr hèt pläjn	über den Platz
over de brug oovèr dè bröch	über die Brücke

Is het ver naar ...?
iß hèt vär naar
Ist es weit nach ...?

Het is niet ver.
hèt iß niet vär
Es ist nicht weit.

Het is erg dichtbij.
hèt iß ärch dichtbäj
Es ist sehr nahe.

Kan je/kunt u mij de straat op de kaart wijzen?
kann jè/könnt ü mäj dè ßtraat op dè kaart wäjsèn
Kannst du/können Sie mir die Straße auf der Karte zeigen?

Vorsicht beim Abstellen: Nur dickste Ketten vorn und hinten schützen vor Diebstahl.

Fahrradfahren (**fietsen** fietßèn) ist bequem auf den Fahrradwegen möglich und billiger als die horrenden Parkgebühren fürs Auto. Wenn man keines mitnehmen kann oder will – es gibt überall auch Fahrradverleiher.

Ik zoek de vlooienmarkt.
ik suk dè vloojènmarkt
Ich suche den Flohmarkt.

Waar is de dichtstbijzijnde halte?
waar iß dè dichtbäjsäjndè haltè
Wo ist die nächste Haltestelle?

Hoe kom ik bij de/het ...?
hu komm ick bäj dè/hèt
Wie komme ich zur/zum ...?

ambassade	ambassaadè	Botschaft
binnenstad	binnènßtad	Zentrum
bioscoop	bieooß-koop	Kino
bloemenmarkt	blumènmarkt	Blumenmarkt
bollenveld (n)	bollènvält	Tulpenfeld
botanische tuin	bootaanieße töin	Botanischer Garten
bron	bronn	Brunnen

brug	bröch	Brücke
consulaat (n)	konsülaat	Konsulat
expositie	äkßoosiezie	Ausstellung
gebouw (n)	chèbauw	Gebäude
gracht	chracht	Graben
halte	haltè	Haltestelle
haven	haavèn	Hafen
kasteel (n)	kaßteel	Schloss
kerk	kärk	Kirche
kerkhof	kärkhoff	Friedhof
laan	laan	Allee
markt	markt	Markt
monument	monnümännt	Denkmal
museum (n)	müseeèm	Museum
metro	meetroo	U-Bahn
plein (n)	pläjn	Platz
postkantoor (n)	poßtkantoor	Postamt
raadhuis (n)	raadhöiß	Rathaus
school	ßchool	Schule
schouwburg	ßchauböreh	Theater
stadhuis (n)	ßtadhöiß	Rathaus
station (n)	ßtaßjonn	Bahnhof
steeg	ßteech	Gasse
straat	ßtraat	Straße
tentoon-stelling	tèntoon-ßtälling	Ausstellung
vlooienmarkt	vloojènmarkt	Flohmarkt
wijk	wäjk	Stadtteil
windmolen	windmoolèn	Windmühle
winkel, zaak	winkèl, saak	Geschäft
ziekenhuis (n)	siekènhöiß	Krankenhaus

mit öffentlichen Verkehrmitteln

An manchen Bushaltestellen kann es passieren, dass der Bus weiterfährt, ohne zu halten; sie werden **op verzoek** genannt, und das bedeutet, dass man dem Fahrer ein Zeichen geben muss, um mitgenommen zu werden.

Zum Aussteigen muss man rechtzeitig den Halteknopf drücken.

Waar is de volgende halte?
waar iß dè volgèndè haltè
Wo ist die nächste Haltestelle?

halte haltè	Haltestelle
bushalte bößhaltè	Bushaltestelle
tramhalte trammhaltè	Straßenbahnhaltestelle
metrostation meetrooßtaßjonn	U-Bahnstation

Een kartje naar ... , alstublieft.
een kaartjè naar ..., aßtüblieft
Eine Fahrkarte nach ..., bitte.

Gaat er een bus naar Maastricht?
chaat èr een böß naar maaßtricht
geht es ein Bus nach Maastricht
Gibt es einen Bus nach Maastricht?

Waar stopt de bus voor Arnhem?
waar ßtopt dè böß voor arnämm
wo stoppt der Bus für Arnheim
Wo hält der Bus nach Arnheim?

Rijdt deze bus naar Zevenaar?
räjt deesè böß naar seevènaar
Fährt dieser Bus nach Zevenaar?

Hoe lang doet de bus erover naar Apeldoorn?
hu lang dutt dè böß èroovèr naar appèldoorn
wie lang tut der Bus herüber nach Apeldoorn
Wie lange fährt der Bus nach Apeldoorn?

Drie uur.
drie ür
Drei Stunden.

Tussen een en twee uur.
tößèn een en twee ür
Zwischen 1 und 2 Stunden.

Welke tram rijdt naar het centrum?
wällkè tramm räjt naar hèt ßänntrömm
Welche Straßenbahn fährt ins Zentrum?

Welke lijn gaat naar ...?
wällkè läjn chaat naar
Welche Linie geht nach ...?

auf dem Wasser

Vaart er een veerboot naar ...?
vaart èr een veerboot naar
fährt es ein Fährboot nach
Gibt es eine Fähre nach ...?

Vaart dit schip naar ...?
vaart dit ßchipp naar
Fährt dieses Schiff nach ...?

Ik voel me misselijk.
ik vull mè mißèlèk
ich fühle mich schlecht
Mir ist schlecht.

mit der Eisenbahn

Een retourtje naar Amsterdam, alstublieft.
een rèturtjè naar ammßtèrdamm, aßtüblieft
Eine Rückfahrkarte nach Amsterdam, bitte.

Een enkele reis naar Utrecht, alstublieft.
een änkèlè räjß naar üträcht, aßtüblieft
Eine einfache Fahrt nach Utrecht, bitte.

Is er een reductie voor studenten?
iß èr een reedükzie voor ßtüdäntèn
Gibt es eine Ermäßigung für Studenten?

Hoeveel kost dat?
huveel koßt dat
Wie viel kostet das?

Wanneer komt de trein in Rotterdam aan?
wanneer kommt dè träjn in rottèrdamm aan
Wann kommt der Zug in Rotterdam an?

Om acht uur.
om acht ür
Um acht Uhr.

Over twee uur.
oovèr twee ür
In zwei Stunden.

Tegen negen uur.
teechèn neechèn ür
Gegen neun Uhr.

(Waar) moet ik overstappen?
(waar) mutt ik oovèrßtappèn
(Wo) muss ich umsteigen?

Ja, in Leiden.
ja in läjdèn
Ja, in Leiden.

Is deze plaats nog vrij?
ißß deezè plaatß noch vräj
Ist dieser Platz noch frei?

im Auto

Für Autofahrer gelten folgende Höchstgeschwindigkeiten: 120 km/h auf Autobahnen, 80 auf Landstraßen und 50 in der Stadt. Achtung: Fahrradfahrer nehmen meist keine Rücksicht und tun so, als ob sie immer Vorfahrt hätten. Darum muss man selber um so vorsichtiger sein.

Für Großstädte wie Amsterdam gilt, dass man auf gar keinen Fall Wertsachen im Auto lassen sollte. Ein Autoradio sollte man entweder zu Hause ausbauen und gar nicht erst mitnehmen oder sich gut versichern lassen. Wird der Pass oder Ausweis geklaut, dann kann man sich bei der Polizei einen vorläufigen kostenlosen Passersatz besorgen, der für drei Tage gilt.

Ik wil graag een auto huren.
ik will chraach een owtow hüürèn
ich will gerne ein Auto mieten
Ich möchte ein Auto mieten.

Hoe hoog is de dagprijs
hu hooch iß dè dachpräjß
Wie hoch ist der Tagespreis?

Honderd gulden.
hondèrd chöldèn
Hundert Gulden.

nach dem Weg fragen

Is dat de weg naar Den Haag?
iß dat dè wäch naar dèn haag
Ist das der Weg nach Den Haag?

Hoe kom ik op de snelweg naar Amsterdam?
hu komm ik op dè ßnällwäch naar ammßtèrdamm
Wie komme ich auf die Autobahn nach Amsterdam?

tanken

Waar is het dichtstbijzijnde pomp(station)?
waar iß hè dichßtbäjsäjnde pompßtasjon
Wo ist die nächste Tankstelle?

super	ßüpèr	Super
loodvrij	loodvräj	Bleifrei
normaal	normaal	Normal
diesel	diesèl	Diesel

Panne

Is er hier een garage in de buurt?
ißèr hier een charaashè in dè büürt
ist es hier eine Werkstatt in der Nähe
Gibt es hier in der Nähe eine Autowerkstatt?

Ik heb motorpech.
ik häp mowtoorpäch
Ich habe einen Motorschaden.

Ik heb autopech.
ik häp owtowpäch
Ich habe eine Panne.

Kunt u de wagen wegslepen?
könnt ü dè waachèn wächßleepèn
Können Sie den Wagen abschleppen?

Met ... klopt iets niet.
mät ... kloppt ietß niet
Mit ... stimmt etwas nicht.

... is niet in orde.
... iß niet in ordè
... ist nicht in Ordnung.

as	aß	Achse
starter	ßtartèr	Anlasser
uitlaat	öitlaat	Auspuff
benzinepomp	bänsienèpomp	Benzinpumpe
knipperlicht	blinkèr	Blinker
rem	rämm	Bremse
schakeling	ßchaakèling	Gangschaltung

V-snaar	vee ßnaar	Keilriemen
radiator	raadieatoor	Kühler
dynamo	dienaamoo	Lichtmaschine
koppeling	koppeling	Kupplung
band	band	Reifen
carburateur	karbüratöör	Vergaser
stroom-verdeler	ßtroom-vèrdeelèr	Verteiler
bougie	bushie	Zündkerze
ontsteking	ontßteeking	Zündung

Unfall

Belt u direkt een ziekenwagen/takelwagen.
bält ü dieräkt een siekènwaagèn/taakèlwaagèn
Rufen Sie schnell einen Krankenwagen/Abschleppwagen.

Roept u alstublieft de politie.
ruppt ü aßtüblieft dè poliezie
Rufen Sie bitte die Polizei.

Geeft u mij alstublieft uw naam en adres.
cheeft ü mäj aßtüblieft ü naam änn adräß
Geben Sie mir bitte Ihren Namen u. Adresse.

Ik geef u mijn naam en verzekering.
ik cheef ü mäjn naam änn vèrseekèring
Ich gebe Ihnen meinen Namen u. Versicherung.

Mag ik uw rijbewijs zien?
mach ik ü räjbèwäjß sien
Darf ich Ihren Führerschein sehen?

Hinweisschilder

Aankomst aankommßt	Ankunft
Bagage bachaashè	Gepäck
Bellen bällèn	Klingeln
Benedenverdieping bèneedènvèrdieping	Erdgeschoss
Bezet bèzätt	Besetzt
Bromfietsers brommfietß	Mopeds
Dames daamèß	Damen
Deur sluiten! döör ßlöitèn	Tür schließen!
Douane duaanè	Zoll
Drankjes drankjèß	Erfrischungen
Duwen düwèn	Drücken
Eenrichtingsverkeer eenrichtingßvèrkeer	Einbahnstraße
EHBO eehaabeeow	Erste Hilfe
Fietsers fietßèrß	Fahrradfahrer
Fietsers oversteken fietßèrß oovèrßteekèn	Fahrräder kreuzen

Fietspad fietßpad	Fahrradweg
Geen toegang cheen tuchang	Kein Zutritt
Geen doorgaand verkeer cheen doorchaand vèrkeer	Keine Durchfahrt
Geldt niet voor ... cheld niet voor	Gilt nicht für ...
Gereserveerd chereesèrveerd	Reserviert
Gesloten cheßlootèn	Geschlossen
Gevaarlijke bocht chevaarlèk	Gefährliche Kurve
Heren heerèn	Herren
Hond bijt hond bäjt	Bissiger Hund
Ingang ingang	Eingang
Inlichtingen inlichtingèn	Information
Kruispunt kröißpönnt	Kreuzung
Let op lätt op	Achtung
Niet aanraken! niet aanraakèn	Nicht berühren!
Niet roken niet rookèn	Nichtraucher
Nooduitgang nootöitchang	Notausgang

Open oopèn	Offen
Pas geverfd paß chevärfd	Frisch gestrichen
Parkeerschijf verplicht parkeerßchäjf vèrplicht	Parkscheibe vorgeschrieben
Parkeren beperkt parkeerèn bèpèrkt	Eingeschränktes Parken
Perron pärron	Bahnsteig
Rechts houden rächtß haudèn	Rechts halten
Roken toegestaan rookèn tuchèßtaan	Rauchen erlaubt
Rondgaand verkeer rondchaand vèrkeer	Kreisverkehr
Slecht wegdek ßlächt wächdäk	Schlechte Fahrbahn
Slipgevaar ßlipchèvaar	Rutschgefahr
Spoor ßpoor	Gleis
Te huur tè hür	Zu vermieten
Te koop tè koop	Zu verkaufen
Tol toll	Zahlstelle
Trekken träkèn	Ziehen
Uitgang öitchang	Ausgang

Uitgezonderd ... öitchesonndèrd	Ausgenommen ...
Vertrek vèrträk	Abfahrt
Voorrang verlenen! voorchang vèrleenèn	Vorfahrt beachten!
Vrij vräj	Frei
Vrije Toegang vräjè tuchang	Eintritt frei
Wachtkamer wachtkaamèr	Wartezimmer
Wandelpad wandèlpad	Spazierweg
Wegversmalling wächvèrßmalling	Wegverengung
Wegwerkzaamheden wächwärksaamheedèn	Straßenarbeiten
Werk in uitvoering wärk in öitvuring	Baustelle
Woonerf woonärf	Wohnviertel
Zachte berm sachtè bärm	Schlechter Straßenrand
Zijweg säjwäch	Straßenein- mündung

Auf der Post

Postämter haben die Aufschrift **PTT** peeteeteee, was bedeutet: **Post Telegraaf Telefoon** poßt teelègchraaf teelèfoon. Auf den Briefkästen findet man meist eine Einteilung:

Streekpost ßtreekpoßt	Nähere Umgebung
Overige Bestemmingen ooveerichè bèßtämmingèn	Übrige Bestimmungsorte

Waar is het dichtstbijzijnde postkantoor?
waar iß hèt dichtßtbäjsäjndè poßtkantoor
Wo ist das nächste Postamt?

Waar is er een brievenbus?
waar iß èr een brievènböß
Wo ist hier ein Postkasten?

Hoe duur is een kaart naar Duitsland?
hu dür iß een kaart naar döitßland
Wie teuer ist eine Postkarte nach Deutschland?

Graag vier postzegels voor brieven naar Oostenrijk.
chraach vier poßtseechèlß voor brievèn naar ooßtènräjk
Bitte vier Briefmarken für Briefe nach Österreich.

Heeft u ook speciale postzegels?
heeft ü ook ßpeeschaalè poßtseegèlß
Haben Sie auch Sondermarken?

Ik wil graag een telegram opgeven.
ik will chraach een teelèchramm opgeevèn
Ich möchte ein Telegramm aufgeben.

Hoeveel kost een woord?
huveel koßt een woord
Wie viel kostet ein Wort?

Vijftig cent.
väjftich sännt
50 Cent.

Telefonieren

Die Vorwahlen ins Ausland sind:

00-49	für Deutschland
00-43	für Österreich
00-41	für die Schweiz

Nach der 09 muss man eine Weile auf einen Summton warten. Dann wird die Vorwahl der Stadt ohne die beginnende Null (gilt für alle drei Länder) und als letztes die eigentliche Telefonnummer gewählt.

Gespräche in der Stadt kosten 25 Cent, ins Ausland sind sie entsprechend teurer, aber auch hier gibt es einen Nachttarif ab 19 Uhr. Wichtig ist daher, genug Kleingeld bereitzuhalten.

Viele Telefonzellen nehmen auch 1- oder 2½-Gulden-Stücke an. Wenn man kein Kleingeld hat, kann man natürlich auch auf der Post telefonieren.

Waar kan ik telefoneren?
waar kann ik teelèfooneerèn
Wo kann ich telefonieren?

Waar is de dichtstbijzijnde telefooncel?
waar iß dè dichtßtbäjsäjndè teelèfoonsäll
Wo ist die nächste Telefonzelle?

Ik heb kleingeld nodig om te telefoneren.
ik häp kläjnchäld noodich om tè teelèfooneerèn
ich habe Kleingeld nötig um zu telefonieren
Ich brauche Kleingeld, um zu telefonieren.

Telefonieren

Hier folgt ein kleines Telefongespräch:

Hallo! Met wie spreek ik?
hallo mät wie ßpreek ik
Hallo! Mit wem spreche ich?

Hier is Jaap De Leeuw.
hier iß jaap dè leew
Hier ist Jaap De Leeuw.

u spreekt met Arnout van Dam.
ü ßpreekt mät arnaut van damm
Sie sprechen mit Arnout van Dam.

Kan ik met Marijke spreken?
kann ik mät maräjkè ßpreekèn
Kann ich mit Marijke sprechen?

Zij is niet thuis.
säj iß niet töiß
Sie ist nicht zu Hause.

Jammer!
jammèr
Schade!

Kan ik een boodschap overbrengen?
kann ik een boodßchap oovèrbrängèn
kann ich eine Botschaft überbringen
Kann ich etwas ausrichten?

Nee, ik bel nog eens om 8 uur.
nee ik bäll noch eenß om acht ür
Nein, ich rufe noch mal um 8 Uhr.

Polizei & Diebstahl

Im Falle eines Falles wird man hier auch die örtliche Polizei aufsuchen müssen. Wichtig ist, dass Sie einen Diebstahl sofort melden.

Waar is het politiebureau?
waar iß hèt polieziebürow
Wo ist die Polizeiwache?

Ik wil een diefstal aangeven.
ik will een dieffßtall aancheevèn
Ich will einen Diebstahl anzeigen.

Er werd ... van mij ontvreemd.
èr wärt ... van mäj ontvreemd
es wurde ... von mir gestohlen
Mir ist ... gestohlen worden.

Falls das Auto aufgebrochen wurde und ein Radio gestohlen ist, sollte man auf jeden Fall zur Polizei gehen und es melden.

Man bekommt dort eine Bescheinigung für die Versicherung.

Mijn auto is opengebroken.
mäjn owtow iß oopènchèbrookèn
Mein Wagen ist aufgebrochen worden.

Mijn ... is gestolen.
mäjn ... iß chèßtoolèn
Mein ... ist gestohlen worden.

Ik ben ... verloren.
ik bänn ... vèrloorèn
Ich habe ... verloren.

identiteitsbewijs (n) iedäntietäjtßbèwäjß	Ausweis
portefeuille portèföj	Brieftasche
fototoestel (n) fowtowtußtäll	Fotoapparat
handtas handtaß	Handtasche
radiotoestel (n) radiootußtäll	Radio
sleutel ßlötèl	Schlüssel
horloge (n) horlooshè	Uhr

Bank & Geld

Die niederländische Währung ist der **Gulden** chöllden, abgekürzt mit **fl.** für **Florin** flooräjn. Ein Gulden ist gleich 100 **cent** sännt. Andere Bezeichnungen sind:

stuiver	ßtöivèr	5 **cent** (Münze)
dubbeltje	döbbèltjè	10 **cent**
kwartje	kwartchè	25 **cent**
rijksdaaler	räkßdaalèr	2.50 **gulden**
tientje	tientjè	10.00 **gulden** (Schein)

Waar is er hier een bank/wisselkantoor?
waar iß èr hier een bank/wißèlkantoor
Wo ist hier eine Bank/Wechselstube?

Ik wou honderd mark in guldens wisselen.
ik wauw hondèrd mark in chölldèn wissèlèn
Ich möchte 100 Mark in Gulden wechseln.

Ik wou tweehonderd gulden in mark wisselen.
ik wau tweehondèrd chölldèn in mark wissèlèn
Ich möchte 200 Gulden in Mark wechseln.

Oostenrijkse schilling ooßtenräjkßè ßchilling	Österreichische Schilling
Zwitserse frank switßèrßè frank	Schweizer Franken

Einkaufen

Zuerst ein paar allgemeine Fragen, die nicht nur beim Einkaufen nützlich sein können. Durch die Ähnlichkeit der niederländischen Ausdrucksweise sind die meisten ohne weitere Erklärungen verständlich.

Ik neem ...
ik neem
Ich nehme ...

Wij nemen ...
wäj neemèn
Wir nehmen ...

Ik wil ...
ik will
Ich möchte ...

Wij willen ...
wäj willen
Wir möchten ...

Geef me/ons maar ...
cheef mè/onß maar
Bringen Sie mir/uns ...

Hoeveel kost dat?
huveel koßt dat
Wie viel kostet das?

Wat wenst u?
wat wänßt ü
Was wünschen Sie?

Wijs me alstublieft ...
wäjß mè aßtüblieft
Zeigen Sie mir bitte ...

Ik heb ... nodig.
ik häp ... noodich
ich habe ...nötig
Ich brauche ...

Ik zou graag ... willen.
ik sau chraach ... willèn
ich sollte gern ... wollen
Ich hätte gerne ...

Heeft u ...?
heeft ü
Haben Sie ...?

Ik zoek ...
ik suk
Ich suche ...

Kunt u me alstublieft zeggen, ...
könnt ü mè aßtüblieft sächèn
Können Sie mir bitte sagen, ...

Waar is/zijn ...?
waar iß/säjn
Wo ist/sind ...?

Laat u mij alstublieft ... zien.
laat ü mäj aßtüblieft ... sien
lassen Sie mich bitte ... sehen
Zeigen Sie mir bitte ...

Hier noch ein paar Tipps zum Einkaufen. Gutes Brot zu kaufen, kann schwierig sein: Oft ist es zäh wie Kaugummi.

In einigen Städten haben Metzgereien montags geschlossen.

In vielen größeren Städten gibt es einen langen Einkaufsabend. In manchen Städten ist es der Donnerstag, wie bei uns, in manchen der Freitag.

Viele Buchhandlungen, auch einige Schreibwarengeschäfte bieten deutsche Bücher und Zeitschriften an.

In den grenznahen Städten und in Restaurants kann man oft auch mit deutschem Geld bezahlen, weiter im Landesinneren ist es aber meist erforderlich, Geld zu tauschen.

Hoeveel kost dat/het?
huveel koßt dat/hèt
Wie viel kostet das/es?

Hoe duur is het?
hu düür iß hèt
Wie teuer ist es?

Neemt u Duits geld aan?
neemt ü döitß chäld aan
Nehmen Sie deutsches Geld an?

Kunt u mij een plastic tas geven?
könnt ü mäj een pläßtiek taß cheevèn
Können Sie mir eine Plastiktüte geben?

Mag ik het passen?
mach ick hèt paßèn
Kann ich es anprobieren?

In de maat ...
in dè maat
In der Größe ...

Waar kan men ... kopen?
waar kann mèn ... koopèn
Wo kann man ... kaufen?

Ik had graag ...
ik hat chraach
Ich hätte gern ...

Geeft u mij alstublieft ...
cheeft ü mäj aßtüblieft
Geben Sie mir bitte ...

In Anfragen oder Bitten wie **Ik had graag ...** ik hat chraach ... muss natürlich noch ein entsprechendes Wort eingesetzt werden.

Wörterliste für den Einkauf

pak (n) pak	Anzug
horloge (n) horlooshè	Armbanduhr
potlood pottlood	Bleistift

boeket bukätt	Blumenstrauß
blus blußs	Bluse
envelop ännvèlop	Briefumschlag
boek (n) buk	Buch
damesverband (n) daamèßvèrband	Damenbinde
kleurenfilmpje (n) klörènfimpjè	Farbfilm
aansteker aanßteekèr	Feuerzeug
vulpen völlpänn	Füller
maat maat	Größe
ceintuur säjntür	Gürtel
handschoen handßchun	Handschuh
handtas handtaß	Handtasche
handdoek handduk	Handtuch
schrift (n) ßchrift	Heft
overhemd (n) oovèrhämd	Hemd
broek bruk	Hose

colbert (n), **jasje** (n) kollbèrt, jaßjè	Jacke
jurk jörk	Kleid
ballpoint bolpojnt	Kugelschreiber
jas jaß	Mantel
nagelvijl naagèlväjl	Nagelfeile
nagellak remover naagèllak riemuvèr	Nagellackentferner
anjer anjèr	Nelke
oorbel oorbäll	Ohrring
pakje sigaaretten (n) pakjè ßichaarättèn	Päckchen Zigaretten
bont (n) bont	Pelz
ansichtkaart anßichtßkaart	Postkarte
gom (n) chomm	Radiergummi
scheerwater (n) ßcheerwaatèr	Rasierwasser
paraplu paraaplü	Regenschirm
reisgids räjßchidß	Reiseführer
rok rok	Rock

roos rooß	Rose
sjaal schaal	Schal
schaar ßchaar	Schere
slipje ßlipjè	Schlüpfer
sieraad (n) ßieraad	Schmuck
veters (pl) veetèrß	Schnürsenkel
schoensmeer ßchunßmeer	Schuhcreme
spons ßponß	Schwamm
zeep seep	Seife
zonnebril sonnèbrill	Sonnenbrille
plattegrond van de stad plattèchrond van dè ßtat	Stadtplan
laarzen (pl) laarsèn	Stiefel
lucifers (pl) lüsiefärß	Streichhölzer
kousen (pl) kaußèn	Strümpfe
zak sak	Tasche
zaklamp saklamp	Taschenlampe

plakband plakband	Tesafilm
toiletpapier (n) twalättpapier	Toilettenpapier
tulp tölp	Tulpe
hemd (n) hämd	Unterhemd
onderbroek ondèrbruk	Unterhose
waspoeder waßpuddèr	Waschpulver
watten wattèn	Watte
mascara maskaaraa	Wimperntusche
woordenboek (n) woordènbuk	Wörterbuch
tandenborstel tandènborßtèl	Zahnbürste
tandpasta tandpaßtaa	Zahnpasta
tijdschrift (n) täjdßchrift	Zeitschrift
krant krant	Zeitung

Wörterliste Lebensmittel

appel	appèl	Apfel
appelsap	appèlßap	Apfelsaft
sinaasappel	ßinaaßappèl	Apfelsine
banaan	banaan	Banane

bier	bier	Bier
peer	peer	Birne
blauwe bosbessen (pl)	blauwè boßbeßèn	Blaubeeren
bloemkool	blummkool	Blumenkohl
bramen (pl)	braamèn	Brombeeren
brood	brood	Brot
broodje	broodjè	Brötchen
boterham (n)	bootèrhamm	Butterbrot
boter	bootèr	Butter
blik	blick	Dose
eieren (pl)	äjèrèn	Eier
erwtjes (pl)	ärtjèß	Erbsen
aardbeien (pl)	aardbäjèn	Erdbeeren
azijn	asäjn	Essig
fles	fläß	Flasche
vlees	vlees	Fleisch
kruiden	kröidèn	Gewürz
boerenkool	burènkool	Grünkohl
augurk	auchörk	Gurke
frambozen (pl)	framm-boosèn	Himbeeren
honing	hooning	Honig
yoghurt	juchurd	Jogurt
koffie	koffie	Kaffee
kappertjes (pl)	kappèrtjèß	Kapern
aardappelen (pl)	aardappèlèn	Kartoffeln
kaas	kaaß	Käse
kersen (pl)	kärßèn	Kirschen
knoflook	knofflook	Knoblauch
kool	kool	Kohl
kropsla	kroppßlaa	Kopfsalat
kalebas	kallèbaß	Kürbis

prei	präj	Lauch
amandelen (pl)	amandèlèn	Mandeln
jam	shämm	Marmelade
meel	meel	Mehl
meloen	meelunn	Melone
melk	mälk	Milch
worteltjes (pl)	wortèltjèß	Mohrrüben
nooten (pl)	nootèn	Nüsse
fruit (n)	fröit	Obst
olie	oolie	Öl
sinaasappelsap	ßinaaß-appèlßap	Orangensaft
peterselie	peetèrßeelie	Petersilie
peper	peepèr	Pfeffer
cantharellen (pl)	kantarällèn	Pfifferlinge
perzik	pärziek	Pfirsich
pruimen (pl)	pröimèn	Pflaumen
paddestoelen (pl)	paddèßtulèn	Pilze
frieten (pl)	frietèn	Pommes frites
vossebessen (pl)	voßèbäßèn	Preiselbeeren
kwark	kwark	Quark
radijsjes (pl)	radäjs	Radieschen
rijst	räjßt	Reis
spruitjes (pl)	ßpröitjèß	Rosenkohl
sap	ßap	Saft
room	room	Sahne
zout (n)	saut	Salz
plak (n)	plak	Scheibe
ham	hamm	Schinken
bieslook (n)	bießlook	Schnittlauch

selderij	ßällderäj	Sellerie
asperges	aßpärgößß	Spargel
kruisbessen (pl)	kröißbeßèn	Stachelbeeren
smeerkaas	ßmeerkaaß	Streichkäse
soep	ßup	Suppe
thee	tee	Tee
water (n)	waatèr	Wasser
wijn (wit, rood)	wäjn (witt, rood)	Wein (weiß, rot)
druiven (pl)	dröivèn	Weintrauben
savooiekool	ßavojèkool	Wirsing
worst	worßt	Wurst
ui	öi	Zwiebel

Essen & Trinken

Morgens machen die meisten Niederländer zwischen 10 und 11 Uhr eine Kaffeepause.

Zum Mittagessen gibt es oft eine **Koffietafel**. Anstelle eines warmen Gerichtes bekommt man zuerst eine Suppe oder Salat und dann Brot mit Käse und Wurst. Danach trinkt man dann einen Kaffee.

Später am Nachmittag, zwischen 3 und 4 Uhr wird dagegen häufiger Tee getrunken.

am Tisch

bestek (n)	bèßtäk	Besteck
broodmandje (n)	broodmandjè	Brotkorb
blikopener	blickoopènèr	Dosenöffner
eierdopje (n)	äjèrdopjè	Eierbecher
flesopener	fläßoopènèr	Flaschenöffner
vork	vork	Gabel
kurketrekker	körkèträkèr	Korkenzieher
lepel	leepèl	Löffel
mes (n)	mäß	Messer
schotel	ßchootèl	Schüssel
kopje (n)	koppjè	Tasse
bord (n)	bord	Teller
tafelkleed (n)	tafèlkleed	Tischtuch
pan	pann	Topf
schotel	ßchootèl	Untertasse
tandenstoker	tandènßtookèr	Zahnstocher

Im Restaurant

Typisch für Holland sind nicht so sehr spezielle niederländische Restaurants, sondern eher die Vielzahl von Automaten- und Schnellrestaurants.

In Großstädten sind Automaten aufgestellt, aus denen man mit Hackfleisch gefüllte Teigtaschen, Kroketten, Frikadellen und indonesische Spezialitäten ziehen kann:

Kalfsvleeskroket kalfßvleeßkrokätt	Kalbfleischkrokette
Rundvleeskroket röndvleeßkrokätt	Rindfleischkrokette
Satékroket ßateekrokätt	Satékrokette
Specialiteit ßpeeschaalietäjt	Spezialität
Frikandel frinkanndäll	Frikadellenwurst
Kaassouflé kaaßßufflee	Käsesouflé
Bamibal bamieball	Krokette mit Bami-Goreng-Würzung
Nasibal nasieball	Krokette mit Nasi-Goreng-Würzung

Waar is hier een goed restaurant?
waar iß hier een chut räßtorant
Wo ist hier ein gutes Restaurant?

Is deze tafel nog vrij?
ißdeesè taafèl noch vräj
Ist dieser Tisch noch frei?

Ik neem ...
ik neem
Ich nehme ...

Wij nemen ...
wäj neemèn
Wir nehmen ...

Hoe wilt u uw vlees hebben?
hu willt ü ü vleeß häbbèn
Wie wollen Sie Ihr Fleisch haben?

goed doorgebraden
gut doorchèbraadèn
gut durch

licht gebraden
licht chèbraadèn
halb durch

Zonder/met ..., alstublieft.
sondèr/mät ..., aßtüblieft
Ohne/mit ..., bitte.

De rekening, alstublieft.
dè reekèning, aßtüblieft
Die Rechnung, bitte.

Alles bijelkaar.
allèß bäjèlkaar
Alles zusammen.

Hou de rest.
hau dè räßt
Behalten Sie den Rest.

Aparte rekeningen, alstublieft.
apartè reekèningen, aßtüblieft
Getrennte Rechnungen, bitte.

Fisch

baars	baarß	Barsch
bokking	bokking	Bücking
bot	bott	Flunder
garnalen	charnaalèn	Krabben
haring	haaring	Hering
hollandse nieuwe	hollandßè niewè	Matjes
inktvis	inktviß	Tintenfisch
kabeljauw	kaabèljauw	Kabeljau
karper	karpèr	Karpfen
mosselen	moßèlèn	Muscheln
paling	paaling	Aal
schol	ßcholl	Scholle
rivierkreeft	rivierkreeft	Flusskrebs
snoek	ßnuk	Hecht
tarbot	tarbott	Steinbutt
tong	tong	Seezunge
tonijn	tonnäjn	Tunfisch
zalm	salm	Lachs

Hier eine kleine Auswahl dessen, was auf einer Speisekarte stehen könnte.

Fleisch & Geflügel

biefstuk (n)	biefßtök	Beefsteak
braadworst	braadworßt	Bratwurst
eend	eend	Ente
ganzepeper	chansèpeepèr	Gänseklein
gebraad (n)	chebraad	Braten
kalfsbout	kalfßbaut	Kalbskeule
kalfsoester	kalfßußtèr	Kalbs-medaillon

karbonade	karboonaadè	Kotelett
kip	kipp	Hähnchen
konijn	konnäjn	Kaninchen
lever	leevèr	Leber
rund	rönd	Rind
stoofvlees (n)	ßtoofvleeß	Schmorbraten
varkensvlees (n)	varkènßvleeß	Schweine-fleisch
varkenspotje (n)	varkènßpootjè	Eisbein

Obst & Gemüse

aalbessen (pl)	aalbäßèn	Johannis-beeren
aardappelen (pl)	aardappèlèn	Kartoffeln
aardbeien (pl)	aardbäjèn	Erdbeeren
appel	appèl	Apfel
aspergus	aßpärchöß	Spargel
bieslook (n)	bießlook	Schnittlauch
blauwbessen (n)	blauwbeerèn	Blaubeeren
bloemkool	blummkool	Blumenkohl
boerenkool	burènkool	Grünkohl
bramen (pl)	braamèn	Brombeeren
cantharellen (pl)	kantarällèn	Pfifferlinge
druiven (pl)	dröivèn	Weintrauben
erwten (pl)	ärtèn	Erbsen
frambozen (pl)	frammboosèn	Himbeeren
frieten	frietèn	Pommes
kersen (pl)	kärßèn	Kirschen
komkommer	komm-kommèr	Gurke

kruisbessen	kröißbäßèn	Stachel-beeren
noten (pl)	nootèn	Nüsse
paddestoelen (pl)	paddèßtulèn	Pilze
peer	peer	Birne
perzik	pärsiek	Pfirsich
prei	präj	Lauch
pruimen (pl)	pröimèn	Pflaumen
rode bieten (pl)	roodè bietèn	Rote Bete
savooiekool	ßavoojèkool	Wirsing
selder	ßäldèr	Sellerie
sinaasappel	ßinaaßappèl	Apfelsine
sla	ßlaa	Salat
spruitjes (pl)	ßpröitjèß	Rosenkohl
ui	öi	Zwiebel
vossebessen (pl)	voßèbäßèn	Preiselbeeren
worteltje (n)	wortèltjèß	Mohrrübe
zuurkool	sürkool	Sauerkraut

indonesische Gerichte

Sehr beliebt und gut sind die vielen chinesischen und vor allem indonesischen Restaurants, die sich übrigens Indische Restaurants nennen (ein Überbleibsel aus der Kolonialzeit. Damals hieß Indonesien „West-Indien"). Da indonesische Gerichte hierzulande nicht so bekannt sind, kommt jetzt die Bedeutung einiger häufiger Ausdrücke.

capitan kapitan	Muscheln
cap cai tschap zaj	verschiedenes Gemüse in Soße
daging ayam daging ajam	Hühnerfleisch
daging babi daging babie	Schweinefleisch
daging bebek daging bäbäck	Entenfleisch
daging domba daging domba	Lammfleisch
daging sapi daging ßapie	Rindfleisch
fu jung hai fu jung chaj	Omelett mit Gemüse und Fleisch
gado gado gado gado	Gemüsesalat mit Erdnusssoße
kacang katschang	Erdnüsse
lombok lombok	Chili
mangga manga	Mango
mie goreng mie goräng	gebratene Nudeln
mie kuah mie kuach	Nudelsuppe
mie rebus mie reebuß	gekochte Nudeln
nasi campur nasie tschampur	Reis mit Gemüse und Fleisch

nasi goreng nasie goräng	gebratener Reis
nasi putih nasie putich	weißer gekochter Reis
nasi sayur nasie ßajur	Reis mit Gemüse
sate ßatee	gegrillte Fleischspieße
sayur ßatur	Gemüse
telur goreng tälur goräng	gebratenes Ei
telur rebus tälur reebuß	gekochtes Ei
tiram tiramm	Austern
udang udang	Krabben
udang karang udang kaarang	Lobster

Unterkunft

Man darf in Großstädten nicht auf der Straße, im Park oder im Auto übernachten. Deshalb muss man sich auf jeden Fall eine vernünftige Unterkunft suchen. Die billigste Möglichkeit ist natürlich das Campen. Aber auch hier gilt: nur auf Campingplätzen, nicht wild.

Jugendherbergen haben meist einen prinzipiellen Nachteil: Sie schließen irgendwann nachts ab (z. B. gegen 1.00 Uhr), bieten aber meist abschließbare Spinde für Wertsachen.

Is hier een ...?
iß hier een
ist hier ein
Gibt es hier ein(e) ...?

jeugdherberg jögdhärbärch	Jugendherberge
camping kamping	Campingplatz
hotel howtäl	Hotel
privékamers (pl) priveekaamèr	Privatzimmer

Heeft u nog kamers vrij?
heeft ü noch kaamerß vräj
Haben Sie noch Zimmer frei?

Wat voor kamer wilt u graag?
wat voor kaamèr willt ü chraach
was für Zimmer wollen Sie gern
Was für ein Zimmer möchten Sie?

eenpersoons kamer eenpèrßoonßkaamèr	Einzelzimmer
tweepersoons kamer tweepèrßoonßkaamèr	Doppelzimmer
met bad mät bat	mit Bad
met douche mät dusch	mit Dusche

Hoeveel kost een overnachting?
huveel koßt een oovèrnachting
Wie viel kostet eine Übernachtung?

Hoeveel kost de kamer met ...?
huveel koßt dè kaamèr mät
Wie viel kostet das Zimmer mit ...?

ontbijt (n) ontbäjt	Frühstück
half-pension halfpänschun	Halbpension
volledig pension volleedich pänschun	Vollpension

Is er reductie voor kinderen?
ißèr reedükzie voor kindèrèn
ist es Ermäßigung für Kinder
Gibt es für Kinder eine Ermäßigung?

Kan ik de kamer zien?
kann ik dè kaamèr sien
Kann ich das Zimmer sehen?

Ik neem hem.
ik neem häm
Ich nehme es.

Deze kamer bevalt mij (niet).
deezè kaamèr bèvallt mäj (niet)
Dieses Zimmer gefällt mir (nicht).

Hoe laat moet ik uit de kamer zijn?
hu laat mut ik öit dè kaamèr säjn
wie spät muss ich aus dem Zimmer sein
Bis wann muss ich aus dem Zimmer sein?

Haus & Wohnung

asbak	aßbak	Aschenbecher
bed (n)	bäd	Bett
sprei	ßpräj	Bettdecke
beddegoed (n)	bäddèchut	Bettwäsche
verdieping	vèrdieping	Etage
venster	vänßtèr	Fenster
handdoek	handduk	Handtuch
verwarming	vèrwarming	Heizung
kussen (n)	kößèn	Kissen
bel	bäll	Klingel
klerenhanger	kleerèn-hangèr	Kleiderbügel
keuken	kökèn	Küche
huur	hür	Miete
rekening	reekèning	Rechnung
slaapzak	ßlaapsak	Schlafsack
sleutel	ßlötèl	Schlüssel
kast	kaßt	Schrank

la	laa	Schublade
eetzaal	eetsaal	Speisesaal
stopcontact (n)	ßtopkontakt	Steckdose
stoel	ßtull	Stuhl
tapijt (n)	tapäjt	Teppich
tafel	taafèl	Tisch
tafellaken (n)	taafèllaakèn	Tischtuch
pot	pott	Topf
deur	döör	Tür
gordijn	chordäjn	Vorhang
muur	müür	Wand
wastafel	waßtaafèl	Waschbecken
water (n)	waatèr	Wasser
kamer	kaamèr	Zimmer

Camping

Außerhalb von normalen Campingplätzen darf man keine Wohnwagen oder Zelte aufstellen.

Heeft u nog plaats voor een caravan?
heeft ü noch plaatß voor een kärèvän
Haben Sie noch Platz für einen Wohnwagen?

Hoeveel kost het voor de tent?
huveel koßt hèt voor dè tänt
Wie viel kostet es für das Zelt?

Hoeveel kost het per dag en per persoon?
huveel koßt hèt pèr dach änn pèr pèrsoon
Wie viel kostet es pro Tag und pro Person?

Wij blijven twee dagen/weken.
wäj bläjven twee daachèn/weekèn
Wir bleiben zwei Tage/Wochen.

Waar kan ik mijn caravan neerzetten?
waar kann ik mäjn kärèvän sättèn
Wo kann ich meinen Wohnwagen aufstellen?

Waar kan ik de wagen laten staan?
waar kann ik dè waachèn laatèn ßtaan
wo kann ich den Wagen lassen stehen
Wo kann ich den Wagen abstellen?

Waar zijn de toiletten?
waar säjn dè twalättèn
Wo sind die Toiletten?

Kan je hier fietsen huren?
kann jè hier fietßèn hürèn
Kann man hier Fahrräder leihen?

Is hier in de buurt een levensmiddelenzaak?
iß hier in dè büürt een leevènßmiddèlènsaak
Ist hier in der Nähe ein Lebensmittelgeschäft?

Krank sein

In den Niederlanden erhält man Medikamente grundsätzlich nur auf Rezept. Also ist es besser, für den eigenen Bedarf vorzusorgen.

Die normale Öffnungszeit von Apotheken ist von 9.00 bis 17.30 Uhr, aber auch nachts oder am Wochenende gibt es diensthabende Apotheken.

Waar is er hier een apotheek?
waar iß èr hier een apooteek
Wo ist hier eine Apotheke?

Is er hier een arts in de buurt?
iß èr hier een artß in dè büürt
Gibt es hier einen Arzt in der Nähe?

Wat heeft u?	**Ik heb kiespijn.**
wat heeft ü	ik häp kießpäjn
Was haben Sie?	Ich habe Zahnschmerzen.
Wat doet u pijn?	**Ik moet hem trekken.**
wat dutt ü päjn	ik mutt häm träkèn
Was tut Ihnen weh?	Ich muss ihn ziehen.
Doet het hier pijn?	**Ik heb hier pijn.**
dutt hèt hier päjn	ik häp hier päjn
Tut es hier weh?	Ich habe hier Schmerzen.

Ik heb ... ick häp	Ich habe ...
mijn maag bedorven mäjn maagèn bèdorvèn	meinen Magen verdorben
mijn arm verstuikt mäjn arm vèrßtöikt	meinen Arm verstaucht
me bezeerd mè bèseerd	mich verletzt
diarree diaree	Durchfall
verstopping vèrßtopping	Verstopfung
verkoudheid vèrkaudhäjd	Schnupfen
pijn päjn	Schmerzen
buikpijn böikpäjn	Bauchschmerzen
hoofdpijn hoofdpäjn	Kopfschmerzen
keelpijn keelpäjn	Halsschmerzen

Ik ben ... ik bän	Ich bin ...
verkouden vèrkaudèn	erkältet
gevallen chèvallèn	gefallen
bewusteloos geworden bèwößtelooß chèwordèn	ohnmächtig geworden

Het is niets ernstigs.
hèt iß niets ärnßtichß
Es ist nichts Ernstes.

Ik geef u een injectie/tabletjes.
ik cheef ü een injäkzie/tablätjèß
Ich gebe Ihnen eine Spritze/Tabletten.

U moet geopereerd worden.
ü mutt chèopèreerd wordèn
Sie müssen operiert werden.

Ik moet u verwijzen.
ik mutt ü vèrwäjsèn
Ich muss Sie überweisen.

In te nemen voor/na het eten.
in tè neemèn voor/naa hèt eetèn
Einzunehmen vor/nach dem Essen.

beim Arzt

oog	ooch	Auge
uitslag	öitßlach	Ausschlag
buil	böil	Beule
darmwind	darmwind	Blähungen
bloeddruk	bluddrök	Blutdruck
blindedarm-ontsteking	blindèdarm-ontßteeking	Blinddarm-entzündung
etter	ättèr	Eiter
ontsteking	ontßteeking	Entzündung
koorts	koortß	Fieber

vinger	vingèr	Finger
voet	vutt	Fuß
hersens	härßènß	Gehirn
gewricht	chewricht	Gelenk
zweer	sweer	Geschwür
heesheid	heeßhäjd	Heiserkeit
hart (n)	hart	Herz
spit (n)	ßpitt	Hexenschuss
heup	hööp	Hüfte
enkel	änkèl	Knöchel
been (n), **bot** (n)	been, bott	Knochen
botbreuk	bottbröök	Knochenbruch
hoofd (n)	hoofd	Kopf
kramp	kramp	Krampf
ziekte	siektè	Krankheit
bloedsomloop	bludßomloop	Kreislauf
hernia	härnieja	Leistenbruch
maag	maach	Magen
amandel	amandèlèn	Mandeln
nek	näk	Nacken
neusbloeding	nößbluding	Nasenbluten
bewusteloosheid	bèwößtèloßhäjd	Ohnmacht
oor (n)	oor	Ohr
pleister	pläjßtèr	Pflaster
vulling	völling	Plombe
zalf	salf	Salbe
roodvonk	roodvonk	Scharlach
beroerte	bèrurtè	Schlaganfall
rillingen (pl)	rillingèn	Schüttelfrost
pees	peeß	Sehne

injectie	injäkzie	Spritze
druppels (pl)	dröppèlß	Tropfen
ongeval	ongèvall	Unfall
verwonding	vèrwondlng	Verletzung
tand	tand	Zahn
teen	teen	Zehe
verrekking	vèrräking	Zerrung

Toilette & Co.

Die wichtigste Frage, wenn man „mal muss", ist:

Waar is de toilet?	**... voor dames/heren**
waar iß dè twalätt	voor daamèß/heerèn
Wo ist die Toilette?	... für Damen/Herren

Wenn irgendetwas nicht funktioniert oder fehlt, helfen vielleicht diese Ausdrücke weiter:

Ik had graag toiletpapier.
ik hat chraach twalättpapier
Ich hätte gerne Toilettenpapier.

De spoelinrichting doet het niet.
dè ßpullinrichting dutt hèt niet
Die Spülung geht nicht.

De afvoer is verstopt.
dè affvuur iß vèrßtopt
Der Abfluss ist verstopft.

Er komt geen water.
èr kommt cheen waatèr
Es kommt kein Wasser.

Literaturhinweise

Ich kann die Lehrbücher empfehlen, mit denen ich selber Niederländisch gelernt habe, und die sind erhältlich bei:

Radio Nederland
Wereldomroep
P. O. Box 222
Hilversum

Es handelt sich dabei um Begleitmaterial zu Kursen, die einmal im Radio ausgestrahlt wurden, aber auch allein verwendet werden können:

In Holland staat een huis, Niederländisch für Anfänger

Bij ons in Nederland, Niederländisch für Fortgeschrittene beide von Hendrik Entjes

Dutch by Radio, eigentlich für Engländer geschrieben, von P. H. Breitenstein mit Kassette

Die hier genannten Bücher/Schriften sind nicht über den Reise Know-How Verlag erhältlich.

Wer auf die Reise zusätzlich ein Wörterbuch mitnehmen will, dem kann ich empfehlen:

Berlitz Wörterbuch Deutsch-Niederländisch/ Niederländisch-Deutsch, Verlag Falk, Hamburg

oder:J

Taschenwörterbuch Deutsch-Niederländisch, Verlag Enzyklopädie, Leipzig.

Die folgenden Wörterlisten enthalten jeweils einen Grundwortschatz von ca. 1000 der am meisten gebrauchten Wörter. Alle Wörter, die genauso wie im Deutschen heißen, oder sich leicht erschließen, sind nicht aufgenommen worden. Die Abkürzungen bedeuten: „(n)" = Neutrum: das Wort wird mit dem Artikel **het** *verwendet (sonst mit* **de***); „(pl)" = Plural: das Wort steht in der Mehrzahlform, es ist keine weitere Endung nötig.*

A

Aal paling
abbiegen afslaan
Abend avond
Abendessen avondeten (n)
aber maar
Abfahrt vertrek (n)
Abfall vuilnis (n), afval
Abschleppdienst takelwagen
ähnlich gelijkaardig
als dan, toen
also dus
alt oud
am Abend 's avonds
am Morgen 's ochtends
Angebot aanbieding
Ankunft aankomst
Anlasser starter
anmachen aansteken
anrufen opbellen
anschauen bekijken
ansehen aanzien, toekijken
anziehen aankleden, aantrekken
Anzug kostuum (n), pak (n)
Apfel appel
Apparat toestel (n)
arbeiten werken
Arbeitsstelle baan
Armbanduhr horloge (n)
Ärmel mouw
auch ook
auf op
auf einmal ineens, opeens
auf Wiedersehen totziens
Aufenthalt verblijf (n)
aufhören ophouden
aufstehen opstaan
Auge oog (n)
aus uit
aus Versehen per ongeluk
Ausflug tochtje (n)
ausfüllen invullen
Ausgang uitgang
ausgehen uitgaan
Ausland buitenland
Auspuff uitlaat
außer behalve
außerdem bovendien, behalve dat
aussteigen uitstappen
aussuchen uitzoeken
Austern oesters (pl)
Ausverkauf uitverkoop
ausziehen uitkleden
Auto fahren autorijden
Autofähre autopont
Autowerkstatt garage

B

Bäckerei bakkerij
Badekabine badhokje (n)
bald gauw, spoedig
Bauer boer
Bauernhof boerderij
Beefsteak biefstuk (n)
begleiten begeleiden
behalten houden
behaupten beweren
Behörde instantie
bei bij
bei Tag overdag
beinahe haast
Beispiel voorbeeld (n)
Bekannter kennis
bekommen krijgen
Belgien België
Belgier Belg
Belgierin Belgische
benachrichtigen inlichten
Benehmen gedrag (n)
bequem aangenaam
Beruf beroep (n)
beschäftigt bezig, durk
besetzt bezet
Besuch bezoek (n)
betrunken dronken
Bett bed (n)
Bettdecke deken
Bettwäsche beddengoed (n)
bevor voordat
Bild afbeelding, schilderij (n)
billig goedkoop
Bindfaden paktouwtje (n)
Birne peer
bis tot
bitte (geduzt) alsjeblieft
bitte (gesiezt) alstublieft
Bleistift potlood (n)
Blinker knipperlicht (n)
Blitz bliksem
Blume bloem
Blumenzwiebel bloembol
Boden vloer
Bremse rem
Briefkasten brievenbus
Briefmarke postzegel, zegel
Briefumschlag envelop
Brötchen broodje (n), kadetje (n)
Brücke brug
Bruder broer
Brunnen put
buchstabieren spellen
Bügeleisen strijkijzer (n)
bügeln strijken
Büro kantoor (n)
Bürste borstel
Bus bus
Butter boter
Buttermilch karnemelk

C

Café tearoom
Crêpes flensjes (pl)

D

dafür ervoor
dagegen ertegen
daheim thuis
damals toen, destijds
Damenbinde damesverband (n)
danach daarna
das het
dass dat
Deich dijk
dein jouw
demnächst binnenkort
derselbe dezelfde
deshalb dus
Deutsch Duits
dich jou
Dichtung pakking
dort daar
Dose bus

Dosenöffner blikopener
draußen buiten
drehen draaien
drüben daar
du jij
Düne duin
dunkel donker
durch door
Durchfahrt doortocht
dürfen mogen
Dusche douche

E

Ecke hoek
Ehe huwelijk (n)
Ehefrau echtgenote
Ehemann echtgenoot
eher liever
Ehering trouwring
einander elkaar
Einfahrt inrit
einkaufen inkopen
einladen uitnodigen
einsteigen instappen
Eintrittskarte entreekaartje (n)
einzig enig, enkel
Eis ijs (n)
Eltern ouders (pl)
Empfang ontvangst (n)
endlich eindelijk
eng nauw
Englisch Engels
Enkel kleinkind (n)
Enkelin kleindochter
Entwicklung ontwikkeling
er hij
Erdbeeren aardbeien (pl)
Erde aarde
Erdgeschoss benedenverdieping
Erfrischung verfrissing
Ergebnis uitslag
erhalten behouden
erholen bijkomen
erinnern herinneren
Erkältung kou, verkoudheid
erklären uitleggen, verklaren
erlauben toestaan
erschrecken schrikken
erstens teneerste
erzählen vertellen
es het
es gibt er is/zijn
essen eten
Essig azijn
etwas iets
euch jullie
euer jullie

F

Fähre pont, veer (n)
fahren rijden
Fahrer bestuurder
Fahrkarte kaartje (n)
Fahrrad fiets (n)
Fahrt rit
falls indien
falsch vals
falsch fout
Familie gezin (n)
Familienname achternaam
Farbe kleur
farbig gekleurd
faul lui
fehlen ontbreken
Fehler fout
Feiertag feestdag
Feinmehl bloem
Fenster raam (n)
Fensterscheibe ruit
Ferienwohnung vakantiehuis (n)
fertig gereed
fest vast
Feuerlöscher brandblusser
Feuerzeug aansteker
Fieber koorts
Fisch vis
Fischfang visvangst
Fischgeschäft viswinkel
Flämisch Vlaams
Flasche fles
Fleisch vlees (n)
Fleischwurst worst
Flughafen luchthaven, vliegveld (n)

Flugzeug vliegtuig (n)
Fluss rivier
flüssig vloeibaar
Flusskrebs rivierkreeft
Fotoapparat fototoestel (n)
Frage vraag
Französisch Frans
Frau mevrouw
Fräulein juffrouw
Freude vreugde
Freund(in) vriend(in)
Friede vrede
Friedhof kerkhof (n)
frieren het koud hebben
frisch vers
froh blij
früh vroeg
früher eerder
Frühling lente, voorjaar (n)
Frühstück ontbijt (n)
fühlen voelen
führen leiden
Führerschein rijbewijs (n)
Füller vulpen
für voor
Furcht vrees
Fußball voetbal

G

Gabel vork
Gang versnelling
ganz geheel, heel
Garten tuin
Gasse steeg
Gebäck koek
Gebäude pand (n)
geben reiken
Geburt geboorte
Geburtstag verjaardag
gedünstet gestoofd
gefallen bevallen
Gefängnis gevangenis
Gefühl gevoel (n)
gegen tegen
Gegend streek
Gehalt salaris (n)
gehen gaan, lopen
gelb geel
Geldstrafe boete
Gemüse groente
genug genoeg
geöffnet open
Gepäck bagage
Gepäckschein reçu (n)
gerade recht
geradeaus rechtdoor
Geräusch geluid (n)
gerecht billijk
Gericht rechtbank, gerechtshof (n)
gerne graag
Geschäft winkel
Geschenk cadeau (n)
Geschichte geschiedenis
Geschirr vaat
geschlossen gesloten
Geschwindigkeit snelheid
gestern gisteren
Getränk drank
Getriebe versnellingsbak
Gewitter onweer (n)
Gewürze kruiden (pl)
Glaube geloof (n)
glauben geloven
gleich gelijk
Gleis rails
Glück geluk (n)
grau grijs
Größe maat
grün groen
Grund reden
Grundschullehrer onderwijzer
Gulden florijn
gültig geldig
Gurke augurk
gut goed
Gutschein waardebon

H

Haarklammer haarspeld
haben hebben
Hafen haven
Haftpflicht-Versicherung WA-verzekering
Hals keel

Handschuh handschoen
Handtuch handdoek
hässlich lelijk
häufig vaak
Haupstraße hoofdstraat
Hauptbahnhof centraal station (n)
Haut huid
Heftzwecke punaise
heiraten trouwen
heiß heet
heißen heten
heizen stoken
Heizung verwarming
hell licht
Hemd overhemd (n)
Herbst herfst, najaar (n)
herein binnen
Hering (geräuchert) bokking
Herr heer
Herz hart (n)
heute vandaag
heute Abend vanavond
heute Nacht vannacht
Hilfe hulp
hinlegen neerleggen
hinter achter
Holz hout (n)
hören horen
Hose broek
hübsch mooi
Huhn kip
Hühnersuppe kippensoep
Hund hond
Hupe claxon
Hütte keet

I

ich ik
ihm, ihn hem
ihr jullie
ihr (Besitz) haar
im Gegenteil integendeel
immer altijd
Insel eiland (n)
inzwischen intussen
irgendwo ergens

J

jeder elke, ieder
jedoch echter
jemand iemand
jetzt nu
Jugend jeugd
Junge jongen
Junggeselle vrijgezel

K

Kaffee koffie
Kalbfleischroulade blinde vinken
kalt koud
kaputt stuk
Karotte wortel
Kartoffel aardappel
Käse kaas
kaufen kopen
kaum nauwelijks
Keilriemen V-snaar
kein geen
Keks koekje (n)
Kellnerin serveerster
Kerze kaars
Kette ketting
Kino bioscoop
Kirche kerk
Kissen kussen (n)
Klebstoff lijm
Kleid jurk
Kleiderbügel klerenhanger
klingeln bellen
klug knap
Kneipe kroeg
Knoten knoop
kochen koken
kochen (Tee) zetten
Kocher kookstel (n)
Kolben zuiger
Konditorei banketbakker
König koning
Konservendose blikje (n)
Kopf hoofd (n)
Kopfkissen hoofdkussen (n)

Kopfschmerzen hoofdpijn
Korb mand
Korkenzieher kurkentrekker
Körper lichaam (n)
Körperpuder talkpoeder
krank ziek
Krankenhaus ziekenhuis (n)
Krankenschwester verpleegster
Krebs kreeft
Kreuzung kruispunt
Krieg oorlog
Küche keuken
Kugelschreiber ballpoint
Kühler radiator
Kurbelwelle krukas
Kurs koers
Kurve bocht
küssen kussen

L

Lachs zalm
Lakritz drop
Landstraße B-weg
langweilig saai
lassen laten
Lautsprecher luidspreker
Lebensmittel levensmiddelen (pl), voedingsmiddelen (n)
Lebensmittelgeschäft kruidenier
Leder leer (n)
ledig ongehuwd
leer leeg
Lehrerin lerares
leicht gemakkelijk
leider helaas
leihen lenen
Leiter ladder
Leuchtturm vuurtoren
Lidschatten oogschaduw
Liebe liefde
lieber haben verkiezen
Limonade spa groen
Loch gat (n)
Lockenwickler krulspeld
Löffel lepel
Luft lucht
lustig grappig

M

Mädchen meisje (n)
Mal keer
manchmal soms
Mannschaft elftal (n)
Mantel jas
Marmelade jam
mein mijn
meinen (jemanden) bedoelen
Mensch mens
merken gewaarworden
merken (sich etwas) onthouden
Messer mes (n)
Metzgerei slagerij
mich me
mieten huren
Milch melk
Milchgeschäft melkboer
mir mij
mitbringen meebrengen
mitnehmen meenemen
Mittagessen lunch
Mofa bromfiets
mögen houden van
Monat maand
Mond maan
Motorrad motor (fiets)
Möwe meeuw
Mücke mug
müde moe, vermoeid
Mühle molen
Münze munt
Muscheln mosselen (pl)
müssen moeten
Mutter moeder

N

nach na, naar
Nachbar buur
Nachbarin buurvrouw
nachher naderhand, later
Nachmittag middag
nachmittags 's middags
Nachrichten nieuws (n)
Nagel spijker
Nagellackentferner nagellakremover
nass nat
Nebel mist
Neffe nicht
nett aardig, fraai
neu nieuw
neulich onlangs
nicht niet
nicht gerne niet graag
Nichte nicht
nichts niets
nie nooit
niedrig laag
noch nog
Notausgang nooduitgang
nützlich nuttig

O

ob of
oben boven
Obst fruit (n)
obwohl hoewel
oder of
Ofen kachel
offen geopend
oft dikwijls
ohne zonder
Ölstand oliepeil
Oma grootmoeder
Onkel oom
Orangensaft sinaasappelsap
Ostern Pasen
Österreich Oostenrijk

P

Personalausweis identiteitsbewijs (n)
Pfannekuchen pannenkoek
Pfannekuchen (kl.) poffertje (n)
Pfeife pijp (n)
Pferd paard (n)
Pfirsich perzik
Pflaume pruim
Pilze paddestoelen (pl)
Platz plein (n), plaats
Pommes frites friet
Porree prei
Postkarte briefkaart
Predigt preek
Pullover trui
pünktlich stipt

Q / R

Quittung kwitantie
Rabatt korting
Rad wiel (n)
Radiergummi gom
Radio radiotoestel (n)
Rasierapparat scheerapparat (n)
rasieren scheren
Rasierwasser scheerwater (n)
rauchen roken
Rechnung rekening
rechtzeitig bijtijds, tijdig
reden praten, spreken
Regenmantel regenjas
Regenschirm paraplu
Reifen band
Reinigung stomerij
Reis rijst
Reiseziel reisdoel (n)
Reißverschluss ritssluiting
Rest overschot (n)
Restaurant (einfaches) eethuis (n)
Rosenkohl spruitje (n)
Rückfahrt terugreis
rückwärts achteruit
rudern roeien
rufen roepen
ruhig rustig
Rundfahrt rondrit

S

Saft jus
sagen opmerken, zeggen
Salat sla
Salz zout (n)
Sardellen ansjovis (pl)
Satz zin
sauber helder, schoon
sauer zuur
Schachtel pakje (n)
schaden kwaad doen
Schallplatte plaat
Schalter schakelaar
Schalter (Kasse) loket (n)
scharf scherp
Schatten schaduw
schauen kijken
Scheibenwischer ruitenwisser
scheinen lijken
Scheinwerfer koplamp
Schere schaar
schicken sturen
Schiff schip (n)
schlafen slapen
Schlafzimmer slaapkamer
Schlange (stehen) rij (in de ... staan)
schlau slim, sluw
Schleuse sluis
schließen dichtdoen
schlimm erg
Schlüssel sleutel
Schmerz pijn
schmerzhaft pijnlijk
Schmuck sieraad (n)
Schmutz vuil (n)
schmutzig smerig
schneien sneeuwen
schnell vlug
Schnellgaststätte cafetaria
Schnürsenkel schoenveter
schon al
schön fraai
Schraube schroef
Schreibwarengeschäft kantoorboekhandel
schreien schreeuwen
Schuh schoen
Schuhcreme schoensmeer
Schule school
Schutzhelm valhelm
Schwamm spons
Schweiz Zwitserland
Schwester zus
schwierig lastig, moeilijk
Schwimmbad zwembad (n)
seekrank zeeziek
sehen zien
Seife zeep
Seil kabel, touw (n)
sein zijn
seit sedert, sinds
seitdem sindsdien
Seite kant, zijde
Senf mosterd
setzen plaatsen
sicher veilig
Sicherheitsgurt veiligheidsriem
Sicherung zekering
sie zij
Sie u, U
so ein zulk
sofort meteen
Sommer zomer
sonst verder
Spargel asperges
spät laat
Speisekarte spijskaart
Spielplatz speelplein (n)
Spielzeug speelgoed (n)
Spirituosengeschäft slijterij
Spitze punt, top
Sportplatz sportveld (n)
Sprache taal
Spülung (door)spoeling
Stadtplan plattegrond
Stadtteil buurt, wijk
Steckdose stopcontact (n)
Stecknadel speld

stehen staan
Steinbutt tarbot
stellen neerzetten
Stern ster
Stockwerk verdieping
Stoßstange bumper
strammer Max uitsmijter
Straßenbahn tram
Streichholz lucifer
Streichholzschachtel lucifersdoosje (n)
Stuhl stoel
Stunde uur (n)
süß zoet
Süßwarengeschäft snoepwinkel

T

Tabak shag
Tankstelle pompstation
Taschenlampe zaklantaarn
Taschentuch zakdoek
Tasse kopje (n)
täuschen (sich) vergissen
tausend duizend
Telefonbuch telefoongids
Telefonhörer hoorn
Teller bord (n)
Tesafilm plakband
teuer duur
tief diep
Tintenfisch inktvis
Tisch tafel
Topf pan
Trauben druiven (pl)
träumen dromen
traurig verdrietig
trinken drinken
Trinkgeld fooi
trocken droog
Tropfen druppel
trotzdem desondanks
Tuch doek
Tunfisch tonijn
Tür deur
Turm toren
Tüte zakje (n)

U

über over
überholen inhalen
überrascht verrast
übersetzen vertalen
Überstunde overuur
Umleitung omleiding
umsteigen overstappen
umtauschen omwisselen
umziehen verhuizen
umziehen (sich) verkleden
unbedingt beslist
und en
Unfall ongeluk (n)
unser ons, onze
unten beneden
Unterführung viaduct (n)
unterhalten onderhouden
Unterschied verschil (n)
unterschreiben ondertekenen
Unterschrift handtekening
Untertasse schotel
Unterwäsche ondergoed (n)
Urlaub vakantie

V

Ventil (im Motor) klep
verabreden afspreken
verdorben rot
vergangen verleden
Vergaser carburateur
verheiratet gehuwd, getrouwd
Verkäuferin verkoopster
verlangen eisen
Verlobte(r) verloofde
vermieten verhuren
verrückt gek
Versicherung verzekering
Verspätung vertraging
versprechen beloven

verstehen begrijpen
versuchen proeven
Verteiler stroomverdeler
Vertreter vertegenwoordiger
Verwaltung bestuur (n)
Verzeihung vergeving
viel veel
vielleicht misschien
vor geleden
vorgestern eergisteren
Vormittag ochtend
vormittags 's ochtends
Vorort buitenwijk
Vorspeise voorgerecht (n)

W

wach wakker
wachsen groeien
Wagenheber krik
wählen kiezen
während gedurende
Wald bos (n)
Wand muur
wandern trekken
Wanduhr klok
Waschbecken wastafel
Wäsche wasgoed (n)
Wasser water (n)
wechseln (Geld) wisselen
weder ... noch noch ... noch
weich teer
Weihnachten Kerstmis
weil omdat
weiter voorts, verder
Welt wereld
weniger minder
wenn als, wanneer
wer wie
werden (Passiv) worden
werden (Zukunft) zullen
werfen gooien
Werkstatt werkplaats
Werkzeug gereedschap (n)
Wetter weer (n)
wichtig belangrijk
wie hoe
wie viel hoeveel
wieder weer
wiederholen herhalen
Wiese wei
wieso hoezo
wir we, wij
wissen weten
Witz grap, mop
wo waar
Woche week
Wohnung flat
Wohnwagen caravan
Wohnzimmer woonkamer
wünschen wensen

Z

Zahl getal (n)
zählen tellen
Zahn tand
Zahnbürste tandenborstel
Zange tang
zart week
Zaun hek (n)
zeigen tonen, wijzen
Zeit tijd
Zeitung krant
Zelt tent
Zeugnis getuigenis
ziehen trekken
ziemlich tamelijk
Zimmer vertrek (n), kamer
zu te
zu viel teveel
Zucker suiker
zufällig toevallig
Zug trein
zuletzt tenslotte
zum Beispiel bijvoorbeeld
Zündkerze bougie
zur Zeit momenteel
zurück terug
zusammen samen
Zusammenstoß botsing
zweiter tweede
Zwiebel ui
zwischen tussen

A

aanbieding Angebot
aangenaam bequem
aankleden anziehen
aankomst Ankunft
aansteken anmachen
aansteker Feuerzeug
aantrekken anziehen
aanzien ansehen
aardappel Kartoffel
aardbeien (pl) Erdbeeren
aarde Erde
aardig nett
achter hinter
achternaam Familienname
achteruit rückwärts
afbeelding Bild
afslaan abbiegen
afspreken verabreden
afval Abfall
al schon
als wenn
alsjeblieft bitte (geduzt)
alstublieft bitte (gesiezt)
altijd immer
ansjovis (pl) Sardellen
appel Apfel
asperges Spargel
augurk Gurke
autopont Autofähre
autorijden Autofahren
avond Abend
avondeten (n) Abendessen
azijn Essig

B

baan Arbeitsstelle
badhokje (n) Badekabine
bagage Gepäck
bakkerij Bäckerei
ballpoint Kugelschreiber
band Reifen
banketbakker Konditorei
bed (n) Bett
beddegoed (n) Bettwäsche
bedoelen meinen (jemanden)
begeleiden begleiten
begrijpen verstehen
behalve außer
behalve dat außerdem
behouden erhalten
bekijken anschauen
belangrijk wichtig
Belg Belgier
België Belgien
Belgische Belgierin
bellen klingeln
beloven versprechen
beneden unten
benedenverdieping Erdgeschoss
beroep (n) Beruf
beslist unbedingt
bestuur (n) Verwaltung
bestuurder Fahrer
bevallen gefallen
beweren behaupten
bezet besetzt
bezig beschäftigt
bezoek (n) Besuch
biefstuk (n) Beefsteak
bij bei
bijkomen erholen
bijtijds rechtzeitig
bijvoorbeeld zum Beispiel
billijk gerecht
binnen herein
binnenkort demnächst
bioscoop Kino
blij froh
blikje (n) Konservendose
blikopener Dosenöffner
bliksem Blitz
blinde vinken Kalbfleischroulade
bloem Mehl, Blume
bloembol Blumenzwiebel
bocht Kurve
boer Bauer
boerderij Bauernhof

boete Geldstrafe
bokking Hering (geräuchert)
bord (n) Teller
borstel Bürste
bos (n) Wald
boter Butter
botsing Zusammenstoß
bougie Zündkerze
boven oben
bovendien außerdem
brandblusser Feuerlöscher
briefkaart Postkarte
brievenbus Briefkasten
broek Hose
broer Bruder
bromfiets Mofa
brood Brot
broodje (n) Brötchen
brug Brücke
buiten draußen
buitenland Ausland
buitenwijk Vorort
bumper Stoßstange
bus Dose, Bus
buur Nachbar
buurt Stadtteil
buurvrouw Nachbarin
B-weg Landstraße

C

cadeau (n) Geschenk
cafetaria Schnellgaststätte
caravan Wohnwagen
carburateur Vergaser
centraal station (n) Hauptbahnhof
claxon Hupe

D

daar dort
daar drüben
daarna danach
damesverband (n) Damenbinde
dan als
dat dass
deken Bettdecke
desondanks trotzdem
destijds damals
deur Tür
dezelfde derselbe
dichtdoen schließen
diep tief
dijk Deich
dikwijls oft
doek Tuch
donker dunkel
door durch
doorspoeling Spülung
doortocht Durchfahrt
douche Dusche
draaien drehen
drank Getränk
drinken trinken
drom Menge, Haufen
dromen träumen
dronken betrunken
droog trocken
drop Lakritz
druiven (pl) Trauben
druk beschäftigt
druppel Tropfen
duin Düne
Duits Deutsch
duizend tausend
dus also, deshalb
duur teuer

E

echter jedoch
echtgenoot Ehemann
echtgenote Ehefrau
eerder früher
eergisteren vorgestern
eethuis (n) Restaurant (einfaches)
eiland (n) Insel
eindelijk endlich
eisen verlangen
elftal (n) Mannschaft
elkaar einander
elke jeder
en und
Engels Englisch
enig einzig
enkel einzig

entreekaartje (n) Eintrittskarte
envelop Briefumschlag
er is/zijn es gibt
erg schlimm
ergens irgendwo
ertegen dagegen
ervoor dafür
eten essen

F

feestdag Feiertag
fiets (n) Fahrrad
flat Wohnung
flensjes (pl) Crêpes
fles Flasche
florijn Gulden
fooi Trinkgeld
fototoestel (n) Fotoapparat
fout falsch, Fehler
fraai schön, nett
Frans Französisch
friet Pommes frites
fruit (n) Obst

G

gaan gehen
garage Autowerkstatt
gat (n) Loch
gauw bald
geboorte Geburt
gedrag (n) Benehmen
gedurende während
geel gelb
geen kein
geheel ganz
gehuwd verheiratet
gek verrückt
gekleurd farbig
geldig gültig
geleden vor
gelijk gleich
gelijkaardig ähnlich
geloof (n) Glaube
geloven glauben
geluid (n) Geräusch
geluk (n) Glück
gemakkelijk leicht
genoeg genug
geopend offen
gerechtshof (n) Gericht
gereed fertig
gereedschap (n) Werkzeug
geschiedenis Geschichte
gesloten geschlossen
gestoofd gedünstet
getal (n) Zahl
getrouwd verheiratet
getuigenis Zeugnis
gevangenis Gefängnis
gevoel (n) Gefühl
gewaarworden merken
gezin (n) Familie
gisteren gestern
goed gut
goedkoop billig
gom Radiergummi
gooien werfen
graag gerne
grap Witz
grappig lustig
grijs grau
groeien wachsen
groen grün
groente Gemüse
grootmoeder Oma

H

haar ihr (Besitz)
haarspeld Haarklammer
haast beinahe
handdoek Handtuch
handschoen Handschuh
handtekening Unterschrift
hart (n) Herz
haven Hafen
hebben haben
heel ganz
heer Herr
heet heiß
hek (n) Zaun
helaas leider
helder sauber
hem ihn, ihm
herfst Herbst
herhalen wiederholen

herinneren erinnern
het das
het es
het koud hebben frieren
heten heißen
hij er
hoe wie
hoek Ecke
hoeveel wieviel
hoewel obwohl
hoezo wieso
hond Hund
hoofd (n) Kopf
hoofdkussen (n) Kopfkissen
hoofdpijn Kopfschmerzen
hoofdstraat Haupstraße
hoorn Telefonhörer
horen hören
horloge (n) Armbanduhr
houden behalten
houden van mögen
hout (n) Holz
huid Haut
hulp Hilfe
huren mieten
huwelijk (n) Ehe

I

identiteitsbewijs (n) Personalausweis
ieder jeder
iemand jemand
iets etwas
ijs (n) Eis
ik ich
indien falls
ineens auf einmal
inhalen überholen
inkopen einkaufen
inktvis Tintenfisch
inlichten benachrichtigen
inrit Einfahrt
instantie Behörde
instappen einsteigen
integendeel im Gegenteil
intussen inzwischen
invullen ausfüllen

J

jam Marmelade
jas Mantel
jeugd Jugend
jij du
jongen Junge
jou dich, dir
jouw dein
juffrouw Fräulein
jullie ihr, euer, euch
jurk Kleid
jus Saft, Soße

K

kaars Kerze
kaartje (n) Fahrkarte
kaas Käse
kabel Seil
kachel Ofen
kadetje (n) Brötchen
kamer Zimmer
kant Seite
kantoor (n) Büro
kantoorboekhandel Schreibwarenladen
karnemelk Buttermilch
katoen Baumwolle
keel Hals
keer Mal
keet Hütte
kennis Bekannter
kerk Kirche
kerkhof (n) Friedhof
Kerstmis Weihnachten
ketting Kette
keuken Küche
kiezen wählen
kijken schauen
kip Huhn
kippensoep Hühnersuppe
kleindochter Enkelin
kleinkind (n) Enkel
klep Ventil (im Motor)
klerenhanger Kleiderbügel
kleur Farbe

klok Wanduhr
knap klug
knipperlicht (n) Blinker
knoop Knoten
koek Gebäck
koekje (n) Keks
koers Kurs
koffie Kaffee
koken kochen
koning König
kookstel (n) Kocher
koorts Fieber
kopen kaufen
kopje (n) Tasse
koplamp Scheinwerfer
korting Rabatt
kostuum (n) Anzug
kou Erkältung
koud kalt
krant Zeitung
kreeft Krebs
krijgen bekommen
krik Wagenheber
kroeg Kneipe
kruiden (pl) Gewürze
kruidenier Lebensmittelgeschäft
kruispunt Kreuzung
krukas Kurbelwelle
krulspeld Lockenwickler
kurkentrekker Korkenzieher
kussen küssen
kussen (n) Kissen
kwaad doen schaden
kwitantie Quittung

L

laag niedrig
laat spät
ladder Leiter
lastig schwierig
laten lassen
later nachher
leeg leer
leer (n) Leder
leiden führen
lelijk hässlich
lenen leihen
lente Frühjahr
lepel Löffel
lerares Lehrerin
lesuur Unterrichtsstunde
levensmiddelen (pl) Lebensmittel
lichaam (n) Körper
licht hell
liefde Liebe
liever eher
lijken scheinen
lijm Klebstoff
loket (n) Schalter (Kasse)
lopen gehen
lucht Luft
luchthafen Flughafen
lucifer Streichholz
lucifersdoosje (n) Streichholzschachtel
lui faul
luidspreker Lautsprecher
lunch Mittagessen

M

maan Mond
maand Monat
maar aber
maat Größe
mand Korb
mascara Wimperntusche
me mich
meebrengen mitbringen
meenemen mitnehmen
meeuw Möwe
meisje (n) Mädchen
melk Milch
melkboer Milchgeschäft
mens Mensch
mes (n) Messer
meteen sofort
mevrouw Frau
middag Nachmittag
mij mir
mijn mein
minder weniger
misschien vielleicht
mist Nebel

moe müde
moeder Mutter
moeilijk schwierig
moeten müssen
mogen dürfen
molen Mühle
momenteel zur Zeit
mooi hübsch
mop Witz
mosselen (pl) Muscheln
mosterd Senf
motor (fiets) Motorrad
mouw Ärmel
mug Mücke
munt Münze
muur Wand

N

na nach
naar nach
naderhand nachher
nagellakremover Nagellackentferner
najaar (n) Herbst
nat nass
nauw eng
nauwelijks kaum
neerleggen hinlegen
neerzetten stellen
nicht Neffe; Nichte
niet nicht
niet graag nicht gerne
niets nichts
nieuw neu
nieuws (n) Nachrichten
noch ... noch weder ... noch
nog noch
nooduitgang Notausgang
nooit nie
nu jetzt
nuttig nützlich

O

ochtend Vormittag
oesters (pl) Austern
of oder, ob
oliepeil Ölstand
omdat weil
omleiding Umleitung
omwisselen umtauschen
ondergoed (n) Unterwäsche
onderhouden unterhalten
ondertekenen unterschreiben
onderwijzer Grundschullehrer
ongehuwd ledig
ongeluk (n) Unfall
onlangs neulich
ons unser
ontbijt (n) Frühstück
ontbreken fehlen
onthouden merken (sich etwas)
ontvangst (n) Empfang
ontwikkeling Entwicklung
onweer (n) Gewitter
onze unser
oog (n) Auge
oogschaduw Lidschatten
ook auch
oom Onkel
oorlog Krieg
Oostenrijk Österreich
op auf
opbellen anrufen
opeens auf einmal
open geöffnet
ophouden aufhören
opinie Meinung
opmerken sagen
opstaan aufstehen
ossenstaartsoep Ochsenschwanz-suppe
oud alt
ouders (pl) Eltern
over über
overdag bei Tag
overhemd (n) Hemd
overschot (n) Rest
overstappen umsteigen
overuur Überstunde

P

paard (n) Pferd
paddestoelen (pl) Pilze
pak (n) Anzug
pakje (n) Schachtel
pakking Dichtung
paktouwtje (n) Bindfaden
paling Aal
pan Topf
pand (n) Gebäude
pannenkoek Pfannekuchen
paraplu Regenschirm
Pasen Ostern
peer Birne
per ongeluk aus Versehen
perzik Pfirsich
pijn Schmerz
pijnlijk schmerzhaft
pijp (n) Pfeife
plaat Schallplatte
plaats Platz
plaatsen setzen
plakband Tesafilm
plattegrond Stadtplan
plein (n) Platz
poffertje (n) Pfannekuchen (kl.)
pompstation Tankstelle
pont Fähre
postzegel Breifmarke
potlood (n) Bleistift
praten reden
preek Predigt
prei Porree
proeven versuchen
pruim Pflaume
punaise Heftzwecke
punt Spitze
put Brunnen

R

raam (n) Fenster
radiator Kühler
radiotoestel (n) Radio
rails Gleis
rechtbank Gericht
rechtdoor gerade
rechtuit geradeaus
reçu (n) Gepäckschein
reden Grund
regenjas Regenmantel
reiken geben
reisdoel (n) Reiseziel
rekening Rechnung
rem Bremse
rij (in de ... staan) Schlange (stehen)
rijbewijs (n) Führerschein
rijden fahren
rijst Reis
rit Fahrt
ritssluiting Reißverschluss
rivier Fluss
rivierkreeft Flusskrebs
roeien rudern
roepen rufen
roken rauchen
rondrit Rundfahrt
rot verdorben
ruit Fensterscheibe
ruitenwisser Scheibenwischer
rustig ruhig

S

's avonds am Abend
's middags nachmittags
's ochtends am Morgen, vormittags
saai langweilig
salaris (n) Gehalt
samen zusammen
schaar Schere
schaduw Schatten
schakelaar Schalter
scheerapparat (n) Rasierapparat
scheerwater (n) Rasierwasser
scheren rasieren
scherp scharf
schilderij (n) Bild
schip (n) Schiff
schoen Schuh
schoensmeer Schuhcreme

schoenveter Schnürsenkel
school Schule
schoon sauber
schotel Untertasse
schreeuwen schreien
schrikken erschrecken
schroef Schraube
sedert seit
serveerster Kellnerin
shag Tabak
sieraad (n) Schmuck
sinaasappelsap Orangensaft
sinds seit
sindsdien seitdem
sla Salat
slaapkamer Schlafzimmer
slagerij Metzgerei
slapen schlafen
sleutel Schlüssel
slijterij Spirituosengeschäft
slim schlau
sluis Schleuse
sluw schlau
smerig schmutzig
sneeuwen schneien
snelheid Geschwindigkeit
snoepwinkel Süßwarengeschäft
soms manchmal
spa groen Limonade
speelgoed (n) Spielzeug
speelplaats (n) Spielplatz
speld Stecknadel
spellen buchstabieren
spijker Nagel
spijskaart Speisekarte
spoedig bald
spons Schwamm
sportveld (n) Sportplatz
spreken reden
spruitje (n) Rosenkohl
staan stehen
starter Anlasser
steeg Gasse
ster Stern
stipt pünktlich
stoel Stuhl
stoken heizen
stomerij Reinigung
stopcontact (n) Steckdose
streek Gegend
strijken bügeln
strijkijzer (n) Bügeleisen
stroomverdeler Verteiler
stuk kaputt
sturen schicken
suiker Zucker

T

taal Sprache
tafel Tisch
takelwagen Abschleppdienst
tamelijk ziemlich
tand Zahn
tandenborstel Zahnbürste
tang Zange
tarbot Steinbutt
te zu
tearoom Café
teer weich
tegen gegen
telefoongids Telefonbuch
tellen zählen
teneerste erstens
tenslotte zuletzt
tent Zelt
terug zurück
terugreis Rückfahrt
teveel zu viel
thuis daheim
tijd Zeit
tijdig rechtzeitig
tochtje (n) Ausflug
toekijken ansehen
toen damals, als
toestaan erlauben
toestel (n) Apparat
toevallig zufällig
tonen zeigen
tonijn Tunfisch

top Spitze
toren Turm
tot bis
totziens auf Wiedersehen
touw (n) Seil
tram Straßenbahn
trein Zug
trekken ziehen; wandern
trouwen heiraten
trouwring Ehering
trui Pullover
tuin Garten
tussen zwischen
tweede zweiter

U

u, U Sie
ui Zwiebel
uit aus
uitgaan ausgehen
uitgang Ausgang
uitkleden ausziehen
uitlaat Auspuff
uitleggen erklären
uitnodigen einladen
uitslag Ergebnis
uitsmijter strammer Max
uitstappen aussteigen
uitverkoop Ausverkauf
uitzoeken aussuchen
uur (n) Stunde

V

vaak häufig
vaat Geschirr
vakantie Urlaub
vakantiehuis (n) Ferienwohnung
valhelm Schutzhelm
vals falsch
vanavond heute Abend
vandaag heute
vannacht heute Nacht
vast fest
veel viel
veer (n) Fähre
veilig sicher
veiligheidsriem Sicherheitsgurt
verblijf (n) Aufenthalt
verder sonst
verdieping Stockwerk
verdrietig traurig
verfrissing Erfrischung
vergeving Verzeihung
vergissen täuschen (sich)
verhuizen umziehen
verhuren vermieten
verjaardag Geburtstag
verkiezen lieber haben
verklaren erklären
verkleden umziehen (sich)
verkoopster Verkäuferin
verkoudheid Erkältung
verleden vergangen
verloofde Verlobte(r)
vermoeid müde
verpleegster Krankenschwester
verrast überrascht
vers frisch
verschil (n) Unterschied
versnelling Gang
versnellingsbak Getriebe
vertalen übersetzen
vertegenwoordiger Vertreter
vertellen erzählen
vertraging Verspätung
vertrek (n) Abfahrt, Zimmer
verwarming Heizung
verzekering Versicherung
viaduct (n) Unterführung
vis Fisch
visvangst Fischfang
viswinkel Fischgeschäft
Vlaams Flämisch
vlees (n) Fleisch

vliegtuig (n) Flugzeug
vliegveld (n) Flughafen
vloeibaar flüssig
vloer Boden
vlug schnell
voedingsmiddelen (n) Lebensmittel
voelen fühlen
voetbal Fußball
voor für
voorbeeld (n) Beispiel
voordat bevor
voorgerecht (n) Vorspeise
voorjaar (n) Frühling
voort weiter
vork Gabel
vraag Frage
vrede Friede
vrees Furcht
vreugde Freude
vriend (in) Freund (in)
vrijgezel Junggeselle
vroeg früh
V-snaar Keilriemen
vuil (n) Schmutz
vuilnis (n) Abfall
vulpen Füller
vuurtoren Leuchtturm

W

waar wo
waardebon Gutschein
wakker wach
wanneer wenn
wasgoed (n) Wäsche
wastafel Waschbecken
water (n) Wasser
WA-verzekering Haftpflicht-Versicherung
we wir
week Woche; zart
weer wieder
weer (n) Wetter
wei Wiese
wensen wünschen
wereld Welt
werken arbeiten
werkplaats Werkstatt
weten wissen
wie wer
wiel (n) Rad
wij wir
wijk Stadtteil
wijzen zeigen
winkel Geschäft
wisselen wechseln (Geld)
woonkamer Wohnzimmer
worden werden (Passiv)
worst Fleischwurst
wortel Karotte

Z

zakdoek Taschentuch
zakje (n) Tüte
zaklantaarn Taschenlampe
zalm Lachs
zeep Seife
zeeziek seekrank
zegel Briefmarke
zeggen sagen
zekering Sicherung
zetten kochen (Tee)
ziek krank
ziekenhuis (n) Krankenhaus
zien sehen
ziin sein
zij sie
zin Satz, Lust
zoet süß
zomer Sommer
zonder ohne
zout (n) Salz
zuiger Kolben
zulk zo een
zullen werden
zus Schwester
zuur sauer
zwembad (n) Schwimmbad
Zwitserland Schweizs

CITY-GUIDE AMSTERDAM

Amsterdam - eine vielseitige und spannende Metropole, die mehr als nur einen Zwischenstopp verdient.

Auf 312 Seiten werden in diesem Stadtführer nicht nur die Sehenswürdigkeiten und Museen der Innenstadt ausführlich vorgestellt, auch das Kneipenviertel Jordaan und die weniger bekannten, aber ebenso interessanten Stadtteile wie etwa das ehemalige Judenviertel oder die Gartenstädte in Amsterdam-Noord kommen nicht zu kurz.

Wie bei Reise Know-How üblich, erhält man Informationen über alles, was man als Besucher wissen muss: Anfahrtswege, Verkehrsmittel, Übernachtungsmöglichkeiten, Restaurants und Kneipen, Shopping und Nachtleben. Detailliertes Hintergrundwissen zur Kultur und zum Amsterdamer Alltag erleichtern den Umgang mit dieser liebenswert turbulenten Stadt.

Eine Sprachhilfe Niederländisch, ein ausführliches Register und genau auf den Text abgestimmte Stadtpläne machen diesen City Guide zu einem kompletten und kompetenten Reisebegleiter.

Sabine Burger, Alexander Schwarz
Amsterdam und Umgebung
312 Seiten, zahlreiche Karten und Pläne, über 100 Fotos
ISBN 3-89416-677-0

Reise Know-How Verlag Peter Rump GmbH, Bielefeld

Der Autor

O'Niel V. Som, geboren 1966, wohnt in Essen und ist gerade dabei, sein Medizinstudium zu beenden. Sprachen sind sein Hobby.

Da die Entfernung zwischen dem Ruhrgebiet und den Niederlanden nicht weit ist, fuhr er schon oft dorthin, meistens am Wochenende. Seine Freundin Nelli hat ihm bei den Tips und beim Durchsehen des Manuskripts viel geholfen.

Seine weiteren Pläne? Für längere Zeit nach Südamerika gehen und dort als Arzt arbeiten.